일상에서 바로 통하는

리얼 일본어 회화 110

박윤원 · 미와 마사히사 ·
가사지마 아야노 지음

길벗

리얼 일본어 회화 110

초판 1쇄 발행 · 2025년 12월 20일 | **지은이** · 박윤원, 미와 마사히사, 가사지마 아야노 | **발행인** · 이종원
발행처 · (주)도서출판 길벗 | **출판사 등록일** · 1990년 12월 24일 | **주소** · 서울시 마포구 월드컵로 10길 56(서교동)
대표 전화 · 02)332-0931 | **팩스** · 02)323-0586 | **홈페이지** · www.gilbut.co.kr
책임편집 · 최준란(chran71@gilbut.co.kr) | **디자인** · 강은경 | **제작** · 이준호, 손일순, 이진혁 | **영업관리** · 김명자 | **독자지원** · 윤정아
영업 · 김진성, 박효림 | **교정교열** · 이경숙 | **일러스트** · 김종민, 전민건 | **전산편집** · 박은비 | **인쇄** · 금강인쇄 | **제본** · 금강인쇄

• 잘못 만든 책은 구입한 서점에서 바꿔 드립니다.
• 책 내용에 대한 문의는 길벗 홈페이지(www.gilbut.co.kr) 고객센터에 올려 주세요.

ISBN 979-11-407-1690-6 03730 (길벗 도서번호 060171)
정가 16,800원

독자의 1초까지 아껴주는 정성 길벗출판사
(주)도서출판 길벗 | (주)도서출판 길벗 IT단행본, 성인어학, 교과서, 수험서, 경제경영, 교양, 자녀교육, 취미실용 www.gilbut.co.kr
길벗스쿨 | 국어학습, 수학학습, 주니어어학, 어린이단행본, 학습단행본 www.gilbutschool.co.kr
유튜브 · @GILBUTEZTOK | **인스타그램** gilbut_eztok | **네이버포스트** gilbuteztok

머리말・前書き

우리는 일상에서 다양한 언어와 함께 살아가고 있습니다. 그중에서도 일본어는 만화, 애니메이션, J-POP 등 여러 문화 콘텐츠를 통해 어린 시절부터 자연스럽게 우리 곁에 자리 잡았습니다.

오늘날 언어는 단순한 의사소통의 도구를 넘어 타 문화를 이해하고 그 사회의 사람들과 마음을 나누는 핵심 매개체가 되었습니다. AI와 ChatGPT의 대중화, 스마트폰 동시통역 서비스 등 기술이 비약적으로 발전한 지금도 인간은 여전히 말, 표정, 제스처, 그리고 목소리를 통해 자신만의 감정과 생각을 표현합니다. 서로를 진정으로 이해하기 위해서는 그 어떤 기술보다도 '언어를 통한 소통'이 더욱 중요해진 시대입니다.

『리얼 일본어 회화 110』은 일상에서 마주하는 다양한 상황을 일본 현지에서는 어떻게 표현하는지 궁금해하는 학습자들을 위해 기획되었습니다. 일본인들이 실제로 사용하는 자연스러운 표현을 7개의 주제로 나누고 주제별 다양한 상황을 담아 대표 일러스트와 함께 구성했습니다.

또한 고등학교 일본어 회화 교과서와의 연계를 통해 학습의 흐름을 자연스럽게 이어갈 수 있도록 현장 교사의 의견과 교육 현장의 목소리를 적극 반영하였습니다. 이는 학생들이 자신의 진로와 흥미에 따라 과목을 선택하고, 스스로 학습을 설계해 나가는 최근 교육 환경의 변화에도 부응하기 위한 시도입니다.

이 책이 일본어와 일본 문화를 배우며 보다 깊이 있고 생생한 회화 표현을 익히고자 하는 학습자들에게 실질적인 도움이 되기를 바랍니다. 이를 통해 학습자들이 일본 현지에서도 상황에 맞게 자신의 의사를 표현하고, 자신 있게 말할 수 있는 힘을 기를 수 있기를 진심으로 바랍니다.

私たちは日常生活の中で、さまざまな言語や文化に触れながら生活しています。その中でも日本語は、マンガやアニメ、J-POPなどを通じて、子どもの頃から自然に私たちの生活に馴染んでいます。

文化を通じて、言語は単なるコミュニケーションの手段ではなく、他国の文化を理解し、その社会の人々と心を通わせるための重要な媒体となっています。現代のテクノロジーの進歩により、人工知能の普及やスマートフォンでの同時通訳機能など、私たちは言葉や表情、ジェスチャー、声などをより正確に伝えられるようになりました。しかし、これらのテクノロジーに頼るだけでなく、言語を学ぶこと自体が一つの作法であると考えています。

そこで、『リアルな日本語会話110』は、日本の日常生活で使える表現をまとめた内容となっています。ネイティブが実際に使う自然な表現を盛り込み、その場面を表す代表的なイラストを添えた7つの文型で構成されています。

また、日本語を第二言語として学ぶ方々のために、現場の先生方や教育現場の声も反映しており、より効果的な日本語学習に貢献することを願っています。これは、学生が自分の進路や興味に合わせて科目を選択し、自ら学びをデザインするという教育環境の変化に対応する試みでもあります。

本書は、日本語や日本文化を学び、より深く豊かな会話表現を身につけたい学習者にとって、実践的な助けとなることを目的としています。自信を持って話せる能力を養うことを心から願ってお届けします。

2025년 12월

저자 드림

목차

이 책을 미리 읽어본 선생님들의 한마디

이 책은 교과서에는 잘 실리지 않는 현대적인 일상 회화, 젊은이 표현, SNS에서 쓰이는 일본어 표현이 풍부하여, 보다 실용적이고 자연스러운 회화 능력을 기르는 데 도움이 됩니다. 일본어를 재미있게 배우고 싶은 분들께 추천합니다.

– 충북외국어고등학교, 기도 도모미(木戸智美)

암기와 문법 위주가 아닌 현장에서 바로 활용할 수 있는 일본어 회화 표현으로 구성되어 있습니다. 일본 원어민 친구와 사귀듯이 회화에 도전해 보세요.

– 서울 대성고등학교, 이윤신

한 페이지씩 넘길 때마다 일본어가 생활 속으로 스며드는 경험을 하게 될 것입니다. 배우는 즐거움과 말하는 기쁨을 함께 느낄 수 있는 특별한 교재입니다. 이 책만 있으면 '일본어, 생각보다 별거 아니네?' 하고 웃게 될 거예요.

– 순천팔마고등학교, 오현태

바로 지금도 일본인들의 일상에서 수십, 수백 번 쓰이는 표현들! 감정부터 여행까지, 일상 회화에 꼭 필요한 7가지 주제로 일본어 일상 회화 레벨업!

– 인천 영화국제관광고등학교, 이태영

일본 현지에서 사용하는 일본어가 그대로 담겨 있어서 바로 써먹을 수 있는 생생한 일본어 회화 표현을 배울 수 있습니다. 그동안의 일본어 회화 교재에서는 본 적 없는 실용적인 표현이 가득합니다.

– 서울 대일외국어고등학교, 김민영

“ 이 책을 처음 받아보고 교과서로는 배울 수 없는 실제로 쓰이는 생생한 문장들이 담겨 있어 깜짝 놀랐습니다. 이 책으로 일본 친구들과의 자연스러운 대화 맥락 속에서 표현을 접할 수 있어, 언어 능력뿐 아니라 문화적 이해까지 넓힐 수 있을 것입니다. 학생과 교사 모두에게 실질적인 도움이 되는, 현장감 있는 일본어 학습의 길잡이가 되리라 기대합니다.

– 서울 영일고등학교, 강혜연

“ 딱딱한 문법 설명 대신 ‘취미’, ‘외출’, ‘집안일’ 등 일상생활에서 바로 사용할 수 있는 실용적인 표현들로 구성되어 있어, 학생들이 언어를 배우는 즐거움을 느끼게 해 줍니다. 또한 ‘일정 조정’이나 ‘매너’와 같이 실제 대화에서 마주할 수 있는 다양한 상황을 다루고 있어, 단순히 외우는 일본어가 아닌 살아 있는 일본어를 익힐 수 있습니다. 이 교재는 일본어를 처음 배우는 학생들에게 가장 필요한 ‘자신감’을 선물해 줄 것입니다.

– 서울 동명여자고등학교, 이희제

“ 일본의 젊은 세대나 SNS에서 요즘 많이 쓰이는 캐주얼 표현을 카테고리별로 학습할 수 있어 유용해요. 각 장마다 특징을 잘 담아낸 일러스트를 보는 재미도 쏠쏠하고, 한 페이지에 7개의 회화 표현만 담겨 있어 학습 부담 없이 가볍게 따라갈 수 있어요.

– 경기 의정부고등학교, 홍소희

“ 상황별로 친구끼리 사용하는 말투로 구성되어 있어 일본인 친구와 교류할 때 이 책에 수록된 표현들을 사용한다면 자연스러운 친밀감을 높일 수 있을 것 같아요.

– 서울 광문고등학교, 김지혜

“ 일본인과 다양한 주제로 이야기를 이어나가고 싶은 사람에게 많은 도움이 될 수 있는 책이라고 생각합니다. 어색하지 않고 자연스럽게 대화할 수 있는 표현들과 요즘 시대에 맞는 최신 표현들도 많이 있어 유용할 듯합니다.

– 경기 경민고등학교, 안주현

“ 일본인 친구들과 자연스럽게 말할 수 있는 생생한 표현들이 많이 등장해 좋았습니다. 왠지 원어민이 된 것 같은 기분을 느끼면서 공부할 수 있는 책인 것 같아요. 책상에 두고 필요한 부분을 손쉽게 찾아 바로 자연스럽게! 학생들에게 매우 유용할 것 같아요.

– 서울 창동고등학교, 허영선

“ 학생들이 일상에서 바로 활용할 수 있는 표현들이 가득 담겨 있어 재미있게 배우며 자연스럽게 회화에 익숙해질 수 있습니다. 흥미와 실용성을 갖춘 교재로 수업 활용도가 높을 것으로 기대됩니다.

– 김해분성여자고등학교, 김민경

“ 학생들에게 유용한 자료는 물론, 어떤 상황에서든 유용하게 쓰이는 다양하고 생생한 표현으로 일본어 회화 능력이 화악! 늘어날 수 있게 만들어 주는 책이라고 느껴집니다.

– 거제상문고등학교, 유혜정

“ 다양한 주제와 상황에서 10대들이 자주 쓰는 표현을 엮어서 재밌게 학습할 수 있는 책입니다. 입에 착 붙는 생생한 표현들을 마스터하고 지금 바로 일본 친구들과 소통을 시작해 보면 어떨까요?

– 서울 가락중학교, 김옥주

“ 실제 일본인이 즐겨 쓰는 구어체와 트렌디한 표현을 담아 학습자의 흥미를 자연스럽게 이끕니다. 직관적이고 자연스러운 한국어 대응 표현 덕분에 쉽게 이해하고 바로 활용할 수 있으며, 회화 수업은 물론 자기주도학습에도 효과적인 교재입니다.

– 서울 신도고등학교, 김은영

다양한 주제와 최신 일본 트렌드를 반영한 표현들로 지금 바로 써먹을 수 있도록 실용적으로 구성된 책입니다. 주제별로 생생한 현지 일본어 표현들을 한 권에 담아 매일 한 챕터씩 읽고 말하며 연습하다 보면 어느새 일본어 회화의 달인이 되어 있을 것입니다.

– 경기 옥정고등학교, 허명희

학생들이 교실에서 생생한 일본어 회화 표현을 효과적으로 학습할 수 있을 것으로 기대합니다. 주제별로 내용이 체계적으로 구성되어 있고, 상황별 회화 표현에 대한 TIP이나 일러스트가 알맞게 배치되어 있어 학습 동기를 높여 주는 책입니다.

– 충북 청주여자고등학교, 전효진

이 책은 일상생활에서 실제로 쓰이는 일본어 표현을 중심으로 구성되어 있어, 초급을 넘어 실질적인 회화를 익히고 싶은 학생들에게 적합합니다. 단순한 문법 학습에 그치지 않고, 상황별 대화와 다양한 어휘, 자연스러운 표현까지 세세하게 다루어, 일본 현지에서의 실생활 회화 능력을 한층 끌어올릴 수 있습니다.

– 서울 한양대학교사범대학부속고등학교, 이유진

일본어를 배우는 과정에서 가장 중요한 것은 바로 '실생활에서 사용할 수 있는' 표현을 익히는 일입니다. 《리얼 일본어 회화 110》은 다양한 상황에서 실제로 사용되는 표현을 그림과 함께 제시하여, 학습자가 더욱 직관적으로 일본어를 익힐 수 있도록 돕습니다. 일본어 학습자들에게 실용적이고 유익한 자료가 될 것이라고 확신합니다.

– 인천송천고등학교, 임정아

실생활에서 사용되고 있는 생생한 표현들이 상황별로 정리되어 있어 유용해요. 학생들에게 자연스러운 일본어를 구사한다는 즐거움과 자신감을 갖게 해 줍니다.

– 서울 개봉중학교, 손진원

1장

감정

01

たのしい

즐거울 때

01	□□ ウケる。	완전 웃겨.
02	□□ 笑(わら)える。	빵 터지다.
03	□□ やばすぎ。	진짜 대박이야.
04	□□ 元気出(げんきで)たわ。	기운 났어.
05	□□ ～沼(ぬま)。	~에 빠졌어. (너무 좋아서 못 빠져 나옴.)
06	□□ クセに なるわ。	(좋아서) 버릇이 될 거 같아.
07	□□ まじ草(くさ)。	ㅋㅋㅋㅋ(정말 웃겨).

Tip 'わ'는 종조사로 상대방에게 공감을 나타내거나 친근하게 말할 때 쓴다냥~.

02

かなしい

슬플 때

01	□□ がっかり。	실망스러워.
02	□□ しょんぼり。	(어깨가) 축 처지다.
03	□□ 泣(な)く。	울다.
04	□□ 落(お)ち込(こ)む。	의기소침해지다, 풀이 죽다.
05	□□ 絶望(ぜつぼう)する。	절망하다.
06	□□ 悲(かな)しすぎる。	너무 슬퍼요.
07	□□ ぴえん 🥺	(눈물이 고인 모양에서) 슬퍼서 울고 있는 모양

Tip

같은 '슬픔'이라도 '가볍게 시무룩할 때'는 'しょんぼり', '아주 절망적일 때'는 '絶望(ぜつぼう)', 요즘 유행하는 표현으로 눈물이 고인 모양을 본뜬 'ぴえん'을 쓴다옹~.

03

おこる

화가 날 때

01	□□ 腹立(はらだ)つわ。	열 받네.
02	□□ イライラする。	짜증이 나다, 초조하다.
03	□□ むかつく。	울화가 치밀다.
04	□□ キレる・プチキレる。	더 이상 못 참다.
05	□□ 勘弁(かんべん)してよ。	좀 봐줘, (이제) 그만 좀 해.
06	□□ ありえない。	말도 안 돼.
07	□□ イラっ。	(순간적으로) 욱.

Tip 화가 났을 때 친구들끼리 편하게 쓸 수 있지만, 상대방을 배려하며 써야 한다냥~.

04

よろこぶ

기쁠 때

01	□□ 嬉(うれ)しい。	좋아, 기뻐.
02	□□ めっちゃうれしい!	완전 기뻐. (시험 합격 등 순간의 기쁨)
03	□□ ハッピー。	행복해.
04	□□ 幸(しあわ)せすぎる。	너무 행복해. (혼잣말로 많이 함)
05	□□ にやけちゃう。	(행복해서) 저절로 웃음이 나, 괜히 웃음이 나와.
06	□□ テンション 上(あ)がる!	기분이 업되는데!
07	□□ ニコニコ。	생글생글.

Tip

'嬉(うれ)しい'는 '단순한 기쁨'을, 'にやける'는 무심코 미소가 번지거나, 부끄러워 얼굴이 풀어지는 기쁨을, 'テンション 上(あ)がる!'는 요즘 많이 쓰는 기쁨을 나타내는 말이나옹~.

05

コメントする

평가할 때

01	□□ すごい。	대단한데.
02	□□ 最高(さいこう)!	최고야!
03	□□ 気(き)に 入(い)った。	마음에 들었어.
04	□□ 普通(ふつう)。	평범해.
05	□□ 微妙(びみょう)。	좀 별로야, 애매모호해.
06	□□ 悪(わる)く ない。	나쁘지 않아.
07	□□ つまらない。	재미없어.

Tip 강한 긍정은 '最高(さいこう)/すごい!', 긍정적 평가는 '気(き)に 入(い)った/悪(わる)く ない', 중립/보통은 '普通(ふつう)'로 나타낸다냥~.

06

つかれる
피곤할 때

01	□□ だるい。	귀찮아.
02	□□ バテる。	완전 진이 빠졌어.
03	□□ へとへと。	기진맥진.
04	□□ しんどい。	진짜 힘들어.
05	□□ やる気(き)が 出(で)ない。	의욕이 없어.
06	□□ くたくた。	(몸에) 힘이 하나도 없어.
07	□□ めっちゃ 疲(つか)れた!	피곤해 죽을 거 같아.

Tip

'だるい'는 나른하고 찌뿌둥할 때, 'へとへと'는 극도로 피곤한 상태에 처했을 때, 'くたくた'는 피곤함뿐만 아니라 물건의 형태가 없어져 버린 부드러운 상태를 말한나옹~.

07

おちつく

마음이 안정될 때

01	□□ 冷静(れいせい)に なれ~。	냉정하게 생각해, 진정해.
02	□□ 安心(あんしん)する。	안심이 되네.
03	□□ やばい、落(お)ち着(つ)こう!	앗, 침착하자!
04	□□ なんとか 落(お)ち着(つ)いた~。	어느 정도 안정됐어~.
05	□□ ほっとした~!	안심했어!, 마음이 놓였어!
06	□□ リラックス、リラックス。	진정해, 긴장 풀어.
07	□□ 癒(いや)し。	힐링, 치유.

Tip ‘やばい/落(お)ち着(つ)く’는 놀란 감정을 진정시킬 때 쓴다냥~.

08

かんしゃする

감사할 때

01	□□ 助(たす)かったよ!	살았어!, 덕분에 살았어!
02	□□ ありがとう。	고마워.
03	□□ サンキュー!	thank you!, 고마워!
04	□□ ありがとうございます。	감사합니다.
05	□□ ありがとうございました。	감사했습니다.
06	□□ 誠(まこと)に ありがたく 思(おも)います。	진심으로 고맙게 생각합니다.
07	□□ 心(こころ)より 感謝(かんしゃ) 申(もう)し上(あ)げます。	진심으로 감사드립니다.

Tip 고마움을 표현할 때도 'ありがとう'처럼 친한 사이에 편하게 말할 때와 '心(こころ)より 感謝(かんしゃ)申(もう)し上(あ)げます'처럼 정중하게 말할 때를 구분해서 사용해 보라옹~.

09

あやまる

사과할 때

01	□□ ごめん。	미안.
02	□□ ごめんね。	미안해.
03	□□ 許(ゆる)して。	용서해 줘.
04	□□ 申(もう)し訳(わけ)ない！	정말 미안해!
05	□□ 気(き)を 使(つか)わせて ごめん！	신경 쓰게 해서 미안해요.
06	□□ わざとじゃないの。	일부러 한 거 아니야.
07	□□ 反省(はんせい)してる。	반성하고 있어.

Tip 사과의 마음을 표현하는 방법도 다양하다냥~. 'ごめん'처럼 가볍게 사과할 때와 '申(もう)し訳(わけ)ない' 처럼 정중하게 사과할 때를 구분해서 사용해 보라냥~.

10

ふあんに なる

불안할 때

01	□□ 不安(ふあん)だなぁ。	불안한데.
02	□□ どうしよう。	어떻게 하지.
03	□□ モヤモヤする。	마음에 걸려, 찝찝해.
04	□□ 焦(あせ)る。	(안절부절해하며) 초조해.
05	□□ 大丈夫(だいじょうぶ)かな。	괜찮을까?
06	□□ 何(なん)だか 気(き)に なる。	왠지 신경 쓰여, 마음에 걸려.
07	□□ うまく いくか 心配(しんぱい)。	잘될까 걱정이야.

Tip 'どうしよう'는 막막할 때, '心臓(しんぞう)が バクバク'는 심장이 두근거릴 때 등, 불안한 감정을 나타내는 표현도 다양하다옹~.

11

こんわくする

당황스러울 때

01	□□	わけ わかんない。	이유를 모르겠어.
02	□□	どういうこと？	어떻게 된 거야?
03	□□	意味(いみ)が わからん。	의미를 모르겠는데.
04	□□	なんか おかしい。	뭔가 이상한데.
05	□□	困(こま)るよ。	곤란해, 난처한데.
06	□□	うーん。	흠~.
07	□□	不思議(ふしぎ)。	이상하네, 신기하네, 당황스럽네.

Tip ‘わかんない’와 ‘わからん’은 ‘わからない’(모르다)의 구어체 표현이다옹~.

12

なまける

게으름 피울 때

01	□□	だらだらする。	빈둥거리다. (늘어진 상태로 시간을 보냄)
02	□□	サボる。	게으름 피우다, 땡땡이치다.
03	□□	グーたらする。	(할 일 안하고 게으름 피우며) 뒹굴거리다.
04	□□	何(なん)か だるい。	왠지 몸이 나른해.
05	□□	やる気(き)が 出(で)ない。	할 마음이 전혀 안 생겨.
06	□□	退屈(たいくつ)する。	따분한데.
07	□□	手(て)を 抜(ぬ)かないで。	대충대충 하지 마.

Tip

'サボる'는 '일이나 학업을 태만히 하다'라는 뜻으로 학교나 직장에서 자주 쓰는 말이고, '手(て)を抜(ぬ)く'는 '일을 대충하다'라는 의미다냥~.

13

やるきを だす

의욕을 보일 때

01	□□ 頑張(がんば)るぞ!	힘내자!, 열심히 할 거야!
02	□□ よし! やるぞ!	좋아!, 해 보자!
03	□□ スイッチ 入(はい)った!	이제 시동 걸렸어!, 의욕이 생겼어!
04	□□ 気合(きあ)い 入(い)れるか!	힘 좀 내볼까!, 정신 바짝 차려 볼까!
05	□□ そろそろ 本気(ほんき) 出(だ)すか〜。	슬슬 진심으로(제대로) 해 볼까?
06	□□ とりあえず 始(はじ)めて みよ。	일단 시작해 보자.
07	□□ キメる。	제대로 보여 주다.

Tip 새로운 일을 시작하거나, 다시 한번 힘을 내야 할 때 이 표현들을 사용해 보라냥~. 의지를 다지거나, 주변 사람들에게 '나 이제 진짜 시작할 거야!'라는 마음을 전달할 수 있다옹~.

14

かんどうする

감동했을 때

01	□□ 鳥肌(とりはだ)立(だ)った。	소름 돋았어, 닭살 돋았어.
02	□□ これは 刺(さ)さる!	이거 마음에 와닿네!, 이거 완전 감동이야!
03	□□ 尊(とうと)すぎる。	(너무) 소중해.
04	□□ やば!	대박!, 쩔어! (긍정/부정 모두 사용 가능)
05	□□ 沁(し)みる。	마음속으로 스며들어.
06	□□ 胸(むね)が いっぱい。	가슴이 벅차네.
07	□□ グッと きた!	울컥했어!, 마음에 와 닿았어!

Tip 감정이 북받칠 때 '胸(むね)が いっぱい', 조용히 감동받을 때 '沁(し)みる'처럼 단순히 '감동했어'라고 말하는 것을 넘어 감동의 순간을 더 풍부하게 표현해 보라냥~.

15

はずかしい

부끄러울 때

01	□□ 照(て)れるなぁ。	아 부끄럽네, 괜히 쑥스럽네.
02	□□ シャイなんです。	부끄러워요.
03	□□ 逃(に)げ出(で)したい。	도망치고 싶어.
04	□□ 顔(かお)が 熱(あつ)い。	얼굴이 화끈거려, 얼굴이 후끈 달아올랐어.
05	□□ 穴(あな)が あったら 入(はい)りたい。	쥐구멍이라도 있으면 들어가고 싶어.
06	□□ やらかしたー。	큰 실수했네, 완전히 망쳤어.
07	□□ うわっ!	(놀라고 창피해서) 으악!, 헉!

Tip '照(て)れる'는 칭찬을 받거나 좋아하는 사람 앞에서 느끼는, 기분 좋은 종류의 쑥스러움을 표현할 때, '恥(は)ずかしい'는 실수하거나 창피한 상황으로 인해 느끼는, 창피하거나 수치스러운 감정을 나타낼 때 쓴다냥~.

2장

소통

01

きょうかんする

공감할 때

01	□□ わかる。それ めっちゃ 共感(きょうかん)する。	맞아. 진짜 공감해.
02	□□ そうそう、まさに それ!	그래 그래, 정말로 그래!
03	□□ 私(わたし)も そう 思(おも)ってた!	나도 그렇게 생각했어!
04	□□ 同(おな)じ こと 感(かん)じてた～!	(나도) 똑같이 느꼈어~!
05	□□ ほんと、それ 言(い)いたかった。	맞아, 그렇게 말하고 싶었어.
06	□□ うんうん、間違(まちが)いない。	응응, 틀림없어.
07	□□ 共感(きょうかん)する。	공감해.

Tip

일본인들은 대화 도중에 'そうなんだ'(그렇구나), 'たしかに'(확실히), 'そうそう'(그래그래) 같은 공감의 맞장구를 잘 친다옹~. 요즘 젊은 사람들은 'それな'(내 말이)라는 표현을 자주 쓴다냥~.

02

はなしはじめる

말을 꺼낼 때

01	□□ あのさ、ちょっと 聞(き)いて~。	있잖아, 좀 들어봐.
02	□□ ちなみにさ…。	덧붙여서 말하자면….
03	□□ 実(じつ)はね、こんな ことが あって。	사실은 말야, 이런 일들이 있는데.
04	□□ そういえば 思(おも)い出(だ)したんだけど。	그러고 보니 생각났는데.
05	□□ ちょっと 相談(そうだん)なんだけど。	뭐 좀 상의할 게 있는데.
06	□□ これ 話(はな)しても いい?	이거 말해도 될까?
07	□□ 聞(き)いて くれて ありがとう、じゃあ…。	들어줘서 고마워, 이제 가 볼게 (그럼 이만).

Tip 누군가에게 조언을 구하거나, 부탁할 일이 있을 때, 또는 그냥 할 이야기가 있을 때 등 다양한 상황에서 'あのさ/ちなみに/実(じつ)はね' 등으로 말을 꺼내면 자연스러운 대화가 가능하다옹~.

03

ポジティブな リアクション

좋은 소식을 들었을 때

01	□□ それは すごい! おめでとう!	그거 대단하다! 축하해!
02	□□ よかったね~! 嬉(うれ)しい ニュース!	다행이네~! 기쁜 소식!
03	□□ 最高(さいこう)じゃん!	최고잖아!, 진짜 최고인데!
04	□□ めっちゃ いい 感(かん)じじゃん!	엄청 느낌 좋은데!, 진짜 느낌 좋다!
05	□□ それは 嬉(うれ)しいね~。	그거 잘됐네~.
06	□□ なんか 聞(き)いてて 元気(げんき) 出(で)た!	왠지 듣고 나니 기운 났어!
07	□□ いい 流(なが)れきてるね!	좋은 흐름이 오고 있네!, 일이 잘 풀리고 있네!

Tip '最高(さいこう)じゃん!'은 친구끼리 쓰는 캐주얼한 칭찬 표현이다냥~. '~じゃん'은 '~じゃない'의 구어체 표현이다옹~.

04

ネガティブな リアクション

안 좋은 소식을 들었을 때

01	□□ それは ちょっと きついね。	그건 좀 어렵겠는데.
02	□□ 大丈夫(だいじょうぶ)？無理(むり)してない？	괜찮아? 무리하는 거 아냐?
03	□□ わかる。それは 落(お)ち込(こ)むわ。	이해해. 그건 당연히 속상하지.
04	□□ つらかったね。	힘들었지?
05	□□ それ、ちょっと 悲(かな)しいかも。	그건 좀 슬프겠다.
06	□□ うーん、それは 残念(ざんねん)だったね。	흠~, 그거 좀 안타까운데.
07	□□ なんか モヤっとするよね、それ。	그거 왠지 찜찜하네.

Tip 상대의 힘든 이야기나 좋지 않은 소식에 공감하고 위로를 전할 때 이 표현들을 활용해 보라냥~. 'モヤっとする'는 '머릿속이나 마음이 뿌옇게 답답하고 개운치 않은 상태, 찜찜하다'라는 뜻이다냥~.

05

おどろきの リアクション

놀랐을 때

01	□□ えっ、マジで?	헐, 진짜?(예상하지 못한 사실을 들었을 때 순간적으로 놀람)
02	□□ それは びっくり!	그거 깜짝 놀랄 소식이네!
03	□□ え~、うそでしょう?	그거 거짓말이지?(실망, 아쉬움, 의심 등의 감정을 표현)
04	□□ そんな こと ある?	그런 일이 있어?, (상상도 못한 상황) 말도 안돼!
05	□□ 聞(き)いて びっくりした!	듣고 깜짝 놀랐어!
06	□□ すごっ、それ 予想外(よそうがい)すぎ!	와, 너무 예상 밖인데!
07	□□ それ 聞(き)いて 鳥肌立(とりはだだ)った!	듣는 순간 닭살 돋았어!

Tip

'うそ'는 믿기 힘들 때 쓰는 말로, 진짜 거짓말이라고 생각하는 게 아니라 '설마!' 하는 뉘앙스다옹~. 놀라움도 감정의 크기에 따라 다양하게 표현할 수 있다냥~.

06

ふまんを つたえる

불만을 말할 때

'～かも'는 말을 부드럽게 만들거나 조심스럽게 추측할 때, 어떤 것에 대한 자신이 없거나 서투를 때, 부담스럽거나 꺼릴 때 등에 쓴다옹~.

01	□□ なんか それ、ちょっと モヤモヤする。	그거 뭔가 좀 찜찜해!
02	□□ 正直(しょうじき)、納得(なっとく) いかないんだけど。	솔직히 납득이 안 돼.
03	□□ うーん、そういうの 苦手(にがて)かも。	음~, 그런 거 잘 못할지도 몰라.
04	□□ それ、なんか 腑(ふ)に 落(お)ちないな。	그거 왠지 납득이 안 되는데, 그거 뭔가 석연치 않아.
05	□□ こういう 時(とき) どう すれば いいの？って ある。	이럴 때 어떻게 해야 할지 모를 때가 있어.
06	□□ はっきり 言(い)って いい？ ちょっと 無理(むり)。	솔직히 말해도 돼? 나 좀 무리야(좀 힘들어).
07	□□ もうちょい ちゃんと して ほしいかも…。	조금만 더 확실히 해 줬으면 하는데.

07

おもいやりの ひょうげん

위로해 줄 때

01	□□ 無理(むり)しすぎないでね。	너무 무리하지 마.
02	□□ いつでも 頼(たよ)って いいからね。	언제든 연락해, 기대도 되니까 말만 해.
03	□□ あなたの ペースで 大丈夫(だいじょうぶ)だよ。	네 페이스대로 해도 괜찮아.
04	□□ 話(はな)したい 時(とき)は いつでも 聞(き)くよ。	말하고 싶으면 언제든 (얘기) 들어줄게.
05	□□ 一緒(いっしょ)に 考(かんが)えようか。	함께 생각해 볼까?
06	□□ 頑張(がんば)ってるの、 ちゃんと 伝(つた)わってるよ。	열심히 하는 거 제대로 전달되고 있어.(격려 표현)
07	□□ 大変(たいへん)だったね。えらいよ。	고생 많았네. 정말 대단해.

Tip

'頼(たよ)って いい'는 '의지해도 된다'는 따뜻한 위로, 'いつでも 聞(き)くよ'는 '언제든 들어줄 준비가 되어 있다'는 배려의 표현이다냥~.

08

はなしを ひろげる

뒷이야기가 궁금할 때

01	□□ それって どういう こと？	그게 무슨 뜻이야?
02	□□ 他(ほか)にも 何(なん)か あった？	또 다른 일 있었어?
03	□□ それ、もっと 詳(くわ)しく 聞(き)きたい！	그거, 좀 더 자세히 듣고 싶어!
04	□□ それ 聞(き)いて 思(おも)い出(だ)したんだ けど。	그거 들으니 생각났는데 말이야.
05	□□ ちなみに、その後(あと) どうなったの？	그런데 그 후에 어떻게 됐어?
06	□□ 似(に)たような 話(はなし)が あってさ。	비슷한 이야기가 있어서 말이야.
07	□□ それで、それで！？	그래서? 그래서!?

Tip 대화를 이어가고 싶다면 상대방 이야기에 호기심을 갖고 질문을 던져 보라냥~. 'それって どういう こと？'는 놀람, 의문, 또는 진짜 맥락을 알고 싶을 때 쓰면 된다옹~.

09

いいかえる

부연 설명할 때

01	□□ 言(い)い方(かた) 変(か)えるとさ…。	표현을 바꿔서 말하면….
02	□□ つまり、こういう こと？	요약하자면 이런 이야기?
03	□□ もう ちょっと わかりやすく 言(い)うと…。	좀 더 알기 쉽게 말하자면….
04	□□ なんていうか、例(たと)えるなら…。	뭐랄까? 예를 들자면….
05	□□ 要(よう)するに～って 話(はなし)だよね？	요약하면 그렇게 된 이야기네?
06	□□ イメージとしては、こんな 感(かん)じ！	이미지로는 이런 느낌이야!
07	□□ ざっくり 言(い)うと～って 感(かん)じかな？	대충 말하면~ 이런 느낌이려나?

Tip ‘つまり、こういう こと?’는 듣고 이해한 바를 확인할 때 ‘정리하자면 이런 거 맞아?’라는 뉘앙스다냥~.

10

ほめる

칭찬할 때

01	□□ すごい! よく 頑張(がんば)ったね。	대단해! 아주 열심히 했네.
02	□□ よく そこに 気(き)づいたね!	어쩜 그걸 잘 알아차렸네!, 어떻게 그걸 눈치챘어!
03	□□ 似合(にあ)ってる~! さすが!	잘 어울리는데~! 역시!
04	□□ それ できるの、ほんと すごい。	그렇게 할 수 있다니 정말 대단해.
05	□□ その 考(かんが)え方(かた)、素敵(すてき)だね。	그렇게 생각하는 거 정말 멋져.
06	□□ 本当(ほんとう)に 尊敬(そんけい)するよ。	정말로 존경스러워.
07	□□ それ、めっちゃ センス いいね!	그거 엄청 센스가 좋네!

Tip 외모나 스타일을 칭찬할 때는 '似合(にあ)ってる~!/さすが!', 뭔가를 '잘했다, 훌륭히 했다'고 칭찬, 인정할 때는 'よく'라는 표현을 자주 쓴다옹~.

11

けんそんする

겸손하게 말할 때

01	□□ いやいや、まだまだです。	아니, 아직 많이 부족해요.
02	□□ たまたま 運(うん)が よかっただけです。	우연히 운이 좋았을 뿐이에요.
03	□□ 全然(ぜんぜん) そんな こと ないですよ。	전혀 그렇지 않아요.
04	□□ むしろ 教(おし)えて ほしい くらいです。	오히려 제가 배우고 싶을 정도예요.
05	□□ 恐縮(きょうしゅく)です。	황공합니다, 송구스럽습니다.
06	□□ 周(まわ)りの おかげです。	주변분들 덕분이에요.
07	□□ 本当(ほんとう)に 自分(じぶん)なんか まだまだです。	정말로 저는 아직 멀었어요.

Tip 일본인들은 자신을 낮추고 돌려 말하는 방식으로 겸손을 표현한다옹~. '恐縮(きょうしゅく)です'는 '황송합니다'란 뜻으로 격식 있는 자리나 비즈니스 상황에서 자주 사용한다냥~.

12

はげます

격려해 줄 때

01	□□ 今日(きょう)も よく 頑張(がんば)ったね!	오늘도 열심히 했네(수고 많았어)!
02	□□ 絶対(ぜったい) できるって 信(しん)じてるよ!	무조건 될 거라 믿고 있어!
03	□□ あなたなら 大丈夫(だいじょうぶ)。	너라면 괜찮아.
04	□□ ここまで やって きたんだから、いける!	여기까지 잘해 왔으니 할 수 있어!
05	□□ たまには 休(やす)んでも いいんだよ。	가끔씩은 쉬어도 좋아.
06	□□ 無理(むり)しないで、自分(じぶん)の ペースで!	무리하지 말고 자기 페이스로!
07	□□ 応援(おうえん)してるよ、いつでも。	언제나 응원할게.

Tip

누군가에게 용기를 불어넣어 줄 때, 이 표현들을 활용해 보라냥~. '自分(じぶん)の ペースで!'(자기 페이스로!)는 일본 문화에서 중요한 가치라서 자주 등장한다옹~.

13

びよう

외모를 칭찬할 때

'自分(じぶん)磨(みが)き'는 '자기 관리 (외모+내면 관리)', 'リップ'는 '립밤, 립스틱'을 의미한다옹~.

01	□□ 今日(きょう) 肌(はだ)ツヤ いい 感(かん)じ!	오늘 피부에 광이 나네!
02	□□ その リップ、どこの? 似合(にあ)ってる!	그 립스틱 어디 꺼야? 잘 어울린다!
03	□□ 美容院(びよういん) 帰(がえ)り? 髪(かみ) サラサラ~。	미용실 다녀오는 길? 머릿결이 찰랑거리네~.
04	□□ 最近(さいきん) 肌(はだ)の 調子(ちょうし) いい 気(き)が する!	요즘 피부 상태가 좋은 거 같아!
05	□□ 新(あたら)しい スキンケア、 試(ため)して みた?	새 스킨케어 써 봤어?
06	□□ 今日(きょう)の メイク、ナチュラルで いいね!	오늘 화장 자연스럽고 좋네!
07	□□ 自分(じぶん) 磨(みが)き、ちょっと 楽(たの)しく なって きたかも。	자기 관리가 좀 재밌어진 거 같아.

14

わだいを かえる

화제를 전환할 때

01	□□ そういえばさ～。	그러고 보니 말이야~, 말이 나와서 말인데~.
02	□□ ところでさ、話 変わるけど。	그런데 이건 다른 이야기인데.
03	□□ 全然 違う 話なんだけど いい?	전혀 다른 이야기인데 괜찮아?
04	□□ 話 飛ぶけど、ちょっと 聞いて!	갑자기 딴 이야기인데, 잠깐 들어봐!
05	□□ あ、今 思い出したんだけど。	아, 지금 막 생각났는데.
06	□□ 話 戻すけど…。	원래 얘기로 돌아가서….
07	□□ ちなみにさ、～って どう 思う?	그런데 있잖아, ~한 말들 어떻게 생각해?

Tip 일본어는 대화의 흐름을 연결하는 표현을 자주 쓴다냥~. 특히, 'そういえば/ところで/ちなみに'를 많이 쓴다옹~.

15

さそいを うける

제안을 받아들일 때

01	□□ めっちゃ 楽(たの)しそう!	엄청 즐거울 거 같아!
02	□□ 行(い)きたい! ぜひ!	꼭 가고 싶어!
03	□□ 予定(よてい) 空(あ)いてるから 行(い)けるよ!	일정이 없으니까 갈 수 있어!
04	□□ いいね、それ! 行(い)こう!	좋아, 그거! 가자!
05	□□ 誘(さそ)って くれて ありがとう~。	함께하자고 해 줘서 고마워~.
06	□□ 前(まえ)から 行(い)きたかった とこだし!	전부터 가고 싶었던 곳이었어!
07	□□ それ 絶対(ぜったい) 行(い)くやつ~!	그건 무조건 가야 하는 곳이지~!

Tip

상대방의 제안을 수락할 때는 긍정적인 감정을 솔직하게 표현해 보라냥~. 'それ 絶対(ぜったい) 行(い)くやつ~!'는 '이건 안 갈 수 없지~' 같은 강한 긍정의 뉘앙스다냥~.

16

さそいを ことわる

제안을 거절할 때

상대방의 제안을 거절할 때는 부드럽고 완곡하게 말하며 다음 기회를 약속하는 것이 좋다냥~.

01	□□ ごめん、その日(ひ)は ちょっと 予定(よてい)が あって…。	미안, 그날은 벌써 약속이 잡혀서….
02	□□ 今回(こんかい)は 見送(みおく)らせて ください。	이번은 좀 봐주세요.
03	□□ 行(い)きたい 気持(きも)ちは 山々(やまやま)なんだけど。	가고 싶은 마음은 굴뚝같은데.
04	□□ また 次(つぎ) 誘(さそ)って もらえると 嬉(うれ)しい!	다음에 또 불러 주면 좋겠어!
05	□□ ごめん、体調(たいちょう)が 微妙(びみょう)で…。	미안해, 오늘 컨디션이 좀 그래서….
06	□□ また 今度(こんど) ゆっくり 行(い)こう!	다음에 다시 천천히 가자!
07	□□ 今(いま) ちょっと バタバタしてて…。	지금 좀 정신없이 바빠서….

17

ぶんしょうを つなぐ

결론을 말할 때

01	□□ だからこそ、～なんだよね。	그렇기 때문에 ~된 거네.
02	□□ その 結果(けっか)、～になった。	결국 ~게 되었어.
03	□□ ちなみに～。	결국에는~, 참고로 그건 그렇고~.
04	□□ それで、～だったんだ。	그래서 ~하게 된 거야.
05	□□ それで 思(おも)ったのが～。	그래서 생각한 것이 ~
06	□□ でも 実(じつ)は、～でさ。	그런데 사실은 말이야, ~라서.
07	□□ そこから 先(さき)が また 面白(おもしろ)くてさ。	그다음부터가 또 재미있거든.

Tip 이야기할 때 접속사를 적절히 사용하면 논리적인 흐름을 만들 수 있다냥~. 'ちなみに'(참고로, 덧붙여서)는 기존 주제와 관련된 보충 설명을 할 때, 'ところで'(그건 그…)는 화제를 전환할 때 쓴다옹~.

18

返事(へんじ)を ぼかす

대답을 얼버무릴 때

이야기 도중에 과거의 일을
이야기할 때나 기억이 나지 않아
대답을 얼버무릴 때
이 표현들을 활용해 보라냥~.

01	□□ ちょっと 前(まえ)にね~。	좀 전에 말이야~, 얼마 전에 말이야~.
02	□□ いつだったかな、けっこう 前(まえ)なんだけど。	언제였더라, 꽤 오래전 일인 거 같은데.
03	□□ 最近(さいきん) なんとなく 思(おも)ってた ことが あって。	요즘 문득문득 생각했던 게 있는데.
04	□□ まぁ、だいぶ 前(まえ)の 話(はなし)なんだけ どさ。	뭐, 꽤 오래전 이야기인데.
05	□□ 気(き)づいたら そんな 感(かん)じだった。	정신 차려 보니 그런 느낌이었어.
06	□□ なんとなく そんな 流(なが)れで。	왠지 그런 분위기로(분위기를 타서).
07	□□ いつの間(ま)にか、そうなってたん だよね。	나도 모르게 그렇게 되어 버렸네.

3장

일상

01

日常(にちじょう)の 流(なが)れで 使(つか)える フレーズ

따뜻한 인사를 나눌 때

01	□□ お疲(つか)れ様(さま)!	수고하셨어요!
02	□□ また 何(なに)か あったら 言(い)ってね。	또 무슨 일 있으면 말해요.
03	□□ ありがとう、また 連絡(れんらく)するね。	고마워, 또 연락할게.
04	□□ 忙(いそが)しい ところ ごめんね。	바쁜 와중에 미안해.
05	□□ 気(き)を つけてね。	몸 조심해, 잘 다녀와.
06	□□ わざわざ どうも!	일부러 와 주셔서 고마워요.
07	□□ じゃあ、また ゆっくり～!	그럼 다음에 또 천천히!

Tip 'わざわざ どうも!'는 상대의 수고에 대한 감사 표현으로 친구 사이나 정중한 상황에서나 다 쓸 수 있다옹~.

02

休日(きゅうじつ)、リラックスタイム

휴식이 필요할 때

01	□□ やった！ 休(やす)みだ～！	야호! 휴일이다~!
02	□□ カフェで まったり。	카페에서 느긋하게(쉬는 중).
03	□□ 今日(きょう)は 何(なに)も しないって 決(き)めた。	오늘은 아무것도 안 하기로 정했어.
04	□□ 昼寝(ひるね)しすぎて 夜(よる) 寝(ね)れるか 不安(ふあん)。	낮에 너무 많이 자서 밤에 잠이 올까 걱정이야.
05	□□ ソファと 一体化(いったいか)。	소파와 한몸.
06	□□ 脳(のう)みそ オフモード。	두뇌 오프모드. (피곤할 때, 멍 때릴 때)
07	□□ 予定(よてい) 無(な)し、気分(きぶん) 最高(さいこう)。	일정 없음, 기분 최고.

Tip ‘やった!’는 감탄사로 ‘해냈다!, 좋아!, 됐어!’ 같은 순간적 기쁨을 나타낸다옹~.

03

健康(けんこう)と 体調(たいちょう)

건강과 몸 상태

01	□□ ちょっと 体調(たいちょう) 崩(くず)してて。	몸이 좀 안 좋아서.
02	□□ 最近(さいきん) ずっと 疲(つか)れてる 気(き)が する。	요즘 계속 피곤한 것 같아.
03	□□ 頭(あたま)が ぼーっと する。	머리가 멍해.
04	□□ 寝不足(ねぶそく)かな。	잠이 부족해서 그런가.
05	□□ 健康第一(けんこうだいいち)。	건강이 제일이야.
06	□□ 熱(ねつ)っぽいかも、早(はや)めに 休(やす)もう。	열이 나는 것 같아. 빨리 쉬자.
07	□□ 風邪(かぜ)っぽいから 今日(きょう)は おとなしく してる。	감기에 걸린 것 같으니 오늘은 그냥 조용히 있을게.

Tip

'～かな'(~인가)는 원인을 가볍게 추측할 때, '～っぽい'(~기운이 있다, ~한 느낌이다)는 정확한 진단은 아니지만 그런 기분이 들 때 쓴다옹~.

04

趣味(しゅみ)と 極楽(ごくらく)

취미와 즐거움

01	□□ 最近(さいきん) これに ハマってるんだよね。	요즘 이거에 빠져 있어.
02	□□ 気(き)づいたら 何時間(なんじかん)も やってた。	정신 차려 보니 몇 시간이나 하고 있었어.
03	□□ これ やってると 時間(じかん) 忘(わす)れる。	이걸 하면 시간을 잊어버려.
04	□□ 最高(さいこう)の 癒(いや)し タイム。	최고의 힐링 타임.
05	□□ あー、これぞ 至福(しふく)。	아, 이게 바로 행복이지.
06	□□ 趣味(しゅみ)に 没頭(ぼっとう)。	취미에 몰두.
07	□□ お花畑(はなばたけ)モード。	꽃밭 모드, 현실감 제로 모드. (긍정/부정적 뉘앙스)

Tip ‘至福(しふく)’는 최고로 행복한 상태, ‘没頭(ぼっとう)’는 시간 가는 줄 모르고 집중하는 상태, ‘お花畑(はなばたけ)’는 현실과 살짝 동떨어져 행복한 상태를 뜻한다옹.

05

テクノロジー・インターネット

IT 기술

'パンパン'은 꽉 찬 상태를 말하는 친근한 표현이고, 'ググる'는 'グーグル + る'로 '구글에서 검색하다'라는 구어체 표현이다냥~.

01	□□ Wi-Fi(ワイファイ)が 全然(ぜんぜん) 繋(つな)がらない。	와이파이가 먹통이야.
02	□□ スマホの 容量(ようりょう)、パンパンなんだけど。	스마트폰 용량이 꽉 찼는데.
03	□□ 何(なん)でも ググれば 出(で)て くる 時代(じだい)だよね。	뭐든지 검색하면 다 나오는 시대지.
04	□□ アプリの アップデート、めんどくさい。	앱 업데이트하기 너무 귀찮아.
05	□□ これ、SNS(エスエヌエス)で バズった やつだよね!	이거, SNS에서 화제가 된 거 맞지!
06	□□ 充電(じゅうでん)、あと1%! ピンチ!	배터리, 1% 남았네. 위험해!
07	□□ 通知(つうち) 多(おお)すぎて、何(なに)が なんだか わからん。	알림이 너무 많이 떠서 뭐가 뭔지 모르겠어.

06

お出(で)かけの 日(ひ)

기분 전환이 필요할 때

01	□□ 今日(きょう)は 天気(てんき)も いいし、お出掛(でか)け日和(びより)ね。	오늘은 날씨도 좋고, 외출하는 날이네.
02	□□ ずっと 行(い)きたかった 場所(ばしょ)に やっと 行(い)けた!	내내 가 보고 싶었던 곳에 드디어 갔어!
03	□□ ちょっと そこまで、ぷらっと 散歩(さんぽ)。	잠시 저기까지, 얼른 산책하자.
04	□□ 気分転換(きぶんてんかん)に 外出(がいしゅつ)して きた。	기분 전환 삼아 외출하고 왔어.
05	□□ 素敵(すてき)な 場所(ばしょ)に 出会(であ)えた。	멋진 장소를 찾았어.
06	□□ やっぱ 外(そと)の 空気(くうき) いいね。	역시 바깥 공기는 좋네.
07	□□ お日様(ひさま)チャージ 完了(かんりょう)。	햇살 듬뿍 받고 기분 충전 완료.

Tip

'やっと'는 기다림 끝에 성취했음을 강조하는 표현이고, 'ぷらっと'는 특별한 목적 없이 즉흥적으로 행동한다는 뉘앙스다옹~.

07

おうち時間(じかん)を 楽(たの)しむ

집에서 시간을 보낼 때

'まったり'(느긋하게 여유롭게)는 카페나 휴일 집콕할 때 자주 사용하고, '自分(じぶん)を 甘(あま)やかす'는 '자신을 챙겨 주다'라는 뜻이다옹~.

01	□□ 今日(きょう)は お家(うち)で まったり デー。	오늘은 집에서 하루 종일 빈둥거리는 날.
02	□□ Netflix(ネットフリックス)と ジャンクフードな 休日(きゅうじつ)。	넷플릭스와 정크 푸드의 날.
03	□□ 掃除(そうじ)して 模様替(もようが)えして、気分(きぶん) すっきり。	청소하고 방 새로 꾸미니까 상쾌한 기분.
04	□□ お風呂(ふろ) ゆっくり 入(はい)って、セルフケア。	욕조에 느긋하게 들어가서 셀프 케어하는 날.
05	□□ 自分(じぶん)を 甘(あま)やかす 日(ひ)。	자신에게 관대한 날.
06	□□ 音楽(おんがく) かけて、ゆっくり 読書(どくしょ) タイム。	음악 틀고 여유 있게 독서 타임.
07	□□ 友達(ともだち)を 呼(よ)んで ハウスパーティー。	친구들 불러서 홈 파티.

08

マナー

비즈니스 매너

01	□□ お世話(せわ)に なって おります。	신세 많이 지고 있습니다.
02	□□ わざわざ すみません!	일부러 해 주시니 감사합니다!
03	□□ お手数(てすう) おかけしますが、よろしく お願(ねが)いします。	번거롭게 해 드려 죄송하지만, 잘 부탁합니다.
04	□□ ご都合(つごう) いかがでしょうか。	일정이 어떻게 되십니까?, 시간 괜찮으실까요?
05	□□ ご丁寧(ていねい)に ありがとうございます。	친절하게 해 주셔서 감사합니다.
06	□□ 失礼(しつれい)いたします。	실례합니다.
07	□□ 失礼(しつれい)いたしました。	실례했습니다.

Tip 공식적인 자리나 윗사람에게 정중하게 말하고 싶을 때 이 표현들을 활용해 보라옹~.

09

家事(かじ)・掃除(そうじ)する

집안일

01	□□	掃除(そうじ)を する。	청소를 하다.
02	□□	ほこりを 取(と)る。	먼지를 털다.
03	□□	ごみを 捨(す)てる。	쓰레기를 버리다.
04	□□	洗濯物(せんたくもの)を 回(まわ)す/干(ほ)す。	세탁물을 돌리다/말리다.
05	□□	ご飯(はん)を 作(つく)る。	밥을 짓다.
06	□□	食材(しょくざい)を 準備(じゅんび)する。	식재료를 준비하다.
07	□□	片付(かたづ)けを する。	뒷정리를 하다.

Tip 집안일이나 청소에 대해 이야기할 때 이 표현들을 활용해 보라옹~.

10

買(か)い物(もの)

장 보기

01	□□ 食材(しょくざい)の 買(か)い出(だ)しに 行(い)くよ。	식재료 장 보러 갈게.
02	□□ 日用品(にちようひん)を 買(か)いに 行(い)く。	생활용품을 사러 가다.
03	□□ スーパーへ 行(い)って くる。	슈퍼에 다녀오다.
04	□□ 洗剤(せんざい) 切(き)れた。買(か)わなきゃ。	세제 떨어졌네. 사야 돼.
05	□□ セールで ゲット！	세일 덕분에 가격이 싸졌어.
06	□□ どこで 買(か)い物(もの)するの？	어디서 쇼핑할래?
07	□□ 新(あたら)しい 靴(くつ)が ほしいな。	새 구두 갖고 싶네.

Tip

실제 회화 및 인터넷상에서는 '～しなきゃ'(~해야 한나), '～行(い)ってくる'(다녀오다), '～ゲット！'(득템) 같은 가볍고 짧은 말투로 바꿔 쓰는 경우가 많다냥~.

11

学(まな)び・勉強(べんきょう)

배우기 / 공부

'自分(じぶん) えらい!'
(나 대단해!)는 회화에서
자기 자신에게 셀프 격려나
칭찬할 때 사용한다옹~.

01	□□ 今日(きょう)は 集中(しゅうちゅう)できた 日(ひ)。 自分(じぶん) えらい。	오늘은 집중이 잘된 날이야. 나 대단한데.
02	□□ 全然(ぜんぜん) 頭(あたま)に 入(はい)らない…でも、 やるしかない。	전혀 머릿속에 들어가지 않네… 그치만 하는 수밖에 없어(해야 해).
03	□□ 一歩(いっぽ)ずつでも 成長(せいちょう)してるって 信(しん)じたい。	한 걸음씩이라도 성장한다고 믿고 싶어.
04	□□ 眠(ねむ)いけれど、もう一(ひと) 踏(ふ)ん張(ば)り。	졸린데, 좀 더 힘내 볼게.
05	□□ やった分(ぶん)だけ、ちゃんと 自信(じしん)に なるね。	한 만큼 확실히 자신감이 생기네.
06	□□ 努力(どりょく)は 積(つ)み重(かさ)ねだよね～。	노력은 쌓이는 거지~.
07	□□ コツコツ 頑張(がんば)ろう!	꾸준히 힘내자!

12

引(ひ)っ越(こ)し・新生活(しんせいかつ)

이사/새로운 생활

이사를 했거나 이사 온 친구와
이야기할 때 활용해 보라옹~.
'思(おも)ったより'는 '예상보다'라는
뜻으로, 비슷한 표현으로
'意外(いがい)と'(의외로)가 있다냥~.

01	□□ 引越(ひっこ)し 完了(かんりょう)! 新(あたら)しい 生活(せいかつ) スタート!	이사 완료! 새로운 생활 시작!
02	□□ 段(だん)ボールだらけで 足(あし)の 踏(ふ)み場(ば)が ない(笑)。	박스투성이라 발 디딜 곳이 없네(ㅋㅋㅋ).
03	□□ 荷造(にづく)りが 大変(たいへん)だったよ。	짐 싸는 게 너무 힘들었어.
04	□□ 住所(じゅうしょ) 変(か)わりました、また 遊(あそ)びに きてね!	주소가 바뀌었어요. 또 놀러 오세요!
05	□□ 新(あたら)しい 部屋(へや)、思(おも)ったより 落(お)ち着(つ)くかも。	새 방이 생각한 것보다 마음이 안정되는 것 같아(편안한 거 같아).
06	□□ 近所(きんじょ)に いい カフェ 見(み)つけた!	근처에 좋은 카페를 찾았어!
07	□□ 落(お)ち着(つ)く~。	안정되고 좋아~.

13

仕事(しごと)の 話(はなし)

일하는 방식

직장 생활이나 업무에 대해 이야기할 때 이 표현들을 활용해 보라냥~. '手強(てごわ)い'는 (상대하기에) 힘겹다, 벅차다, 만만치 않다'라는 뜻이다옹~.

01	□□ 今日(きょう)も おつかれ自分(じぶん)…。	오늘도 고생했어 나….
02	□□ チームの みんなが 優秀(ゆうしゅう)すぎて 助(たす)かる。	팀원 모두가 뛰어난 인재라서 도움이 되었어.
03	□□ あと一息(ひといき)で 納品(のうひん)だ～。	이제 한 고비만 넘기면 납품 완료.
04	□□ リモートに なってから 集中力(しゅうちゅうりょく) 上(あ)がったかも。	원격으로 하고 난 후 집중력이 올랐을지도.
05	□□ やっぱり 仕事(しごと) 終(お)わりの ご飯(はん)は 最高(さいこう)。	역시 일 끝마치고 먹는 밥이 최고야.
06	□□ ミスして 落(お)ち込(こ)んだけど、切(き)り替(か)えてこ。	실수해서 낙담했지만, 털고 일어나자.
07	□□ 新(あたら)しい 案件(あんけん)、なかなか 手強(てごわ)い。	새로운 안건, 상당히 만만치 않은데.

14

予定(よてい) 調整(ちょうせい)

일정을 조정할 때

'厳(きび)しい'는 원래 '엄하다'라는 뜻인데 완곡하게 거절할 때는 '어렵다'라는 의미로 쓰인다냥~. 그리고 '～かも'는 '~일지도 몰라'라는 뜻으로 완곡하게 거절하는 표현이다옹~.

01	□□ その日(ひ)、今(いま)のところ 空(あ)いてるよ～。	그날은 현재로서는 비어 있어.
02	□□ ごめん、ちょっと その 時間(じかん)は 厳(きび)しいかも。	미안, 그 시간은 조금 어려울 거 같아.
03	□□ 他(ほか)に 都合(つごう) いい 日(ひ) ある？	시간이 되는 다른 날 있어?
04	□□ 何時(なんじ)ごろが ベスト？	몇 시쯤이 제일 좋아?
05	□□ また 近(ちか)く なったら 確認(かくにん)しよう！	날짜가 가까워지면 또 확인하자!
06	□□ ざっくり 予定(よてい)だけ 抑(おさ)えておこうか。	대강 일정만이라도 잡아 두자.
07	□□ 来週(らいしゅう)あたり どうかな？	다음 주쯤 어떨까?

15

お金(かね)の 話(はなし)

생활비를 아낄 때

01	□□ 今月(こんげつ) ちょっと 使(つか)いすぎたかも…。	이달 지출이 좀 많은 거 같은데.
02	□□ 節約(せつやく) モード、スイッチ 入(い)れます!	절약 모드, 스위치 켤게요!
03	□□ 貯金(ちょきん)、全然(ぜんぜん) たまらん(笑)。	돈이 전혀 모이지 않네 (ㅋㅋㅋ).
04	□□ 固定費(こていひ)、見直(みなお)して みようかな。	고정 지출, 다시 검토해 볼까?
05	□□ 割(わ)り勘(かん)で 大丈夫(だいじょうぶ)?	각자 계산(더치페이)하는 거 괜찮아?
06	□□ あとで 送(おく)るね、 支払(しはら)いは Apple(アップル) Pay(ペイ)で いい?	나중에 보낼게. 애플페이로 지불해도 돼?
07	□□ お得(とく)な キャンペーン やってたよ!	할인 행사하고 있더라!

Tip ‘割(わ)り勘(かん)’은 ‘각자 부담, 더치페이’라는 뜻이고, ‘お得(とく)’는 ‘이득, 가치, 얻음’이라는 뜻이다냥~.

16

問題(もんだい) 解決(かいけつ)

문제를 해결할 때

3장 일상

01	□□ 一旦(いったん) 整理(せいり)して みようか。	일단 정리해 볼까?
02	□□ こういう 方法(ほうほう)も ありかも？	이런 방법도 좋을 수도?
03	□□ それなら、こうして みたら？	그런 거면 이렇게 해 보는 건 어때?
04	□□ 別(べつ)の 角度(かくど)から 考(かんが)えて みよう。	다른 관점에서 생각해 보자.
05	□□ 話(はな)し合(あ)って みるのが 一番(いちばん)だね。	서로 이야기해 보는 게 최선이야.
06	□□ 一歩(いっぽ)ずつ クリアして いこう！	한 걸음씩 해결해 가자!
07	□□ 解決(かいけつ)の 糸口(いとぐち)が 見(み)えて きた！	해결의 실마리가 보이기 시작했어!

Tip

'ありかも'는 'あるかもしれない'의 구어체 축약 표현이고, '~たら？'는 '~하는 건 어때?' 하고 상대방에게 제안하는 표현, '~てきた'는 '~하기 시작했다'라는 변화의 의미를 나타낸다옹~.

17

旅行(りょこう) 計画(けいかく)

여행 계획을 세울 때

'ワクワクする'는 기대나 설렘을 느낄 때 '두근거리다', 'バランスむずい'는 '균형 맞추기 어렵다'는 뜻으로 'むずい'는 'むずかしい'(어렵다)의 구어체 표현이다냥~.

01	□□ 次(つぎ) どこ 行(い)こうか 考(かんが)えるだけで ワクワクする!	다음에 어디 갈지 생각만 해도 즐겁네!
02	□□ 予算(よさん)と 日程(にってい)、バランス むずいな～。	경비와 일정 균형 맞추기 어렵네.
03	□□ 絶対(ぜったい) 外(はず)せない スポット ある?	꼭 가 봐야 할 명소 있나?
04	□□ 飛行機(ひこうき)、早(はや)めに 取(と)った 方(ほう)が よさそう。	비행기는 빨리 잡아 두는 게 좋을 것 같아.
05	□□ 旅(たび)の しおり、作(つく)っちゃおうかな。	여행 일정표 만들어 볼까?
06	□□ 移動(いどう)は 効率(こうりつ) 重視(じゅうし)で いこう!	이동은 효율적으로 해 보자!
07	□□ 食(た)べ物(もの)も 景色(けしき)も 全部(ぜんぶ) 楽(たの)しみ!	먹거리도 경치도 모두 기대된다!

18

観光地(かんこうち)の おすすめ

여행지를 추천할 때

'~映(ば)えする'는 '사진발, 멋지게 보이는 사진 효과'라는 뜻으로 '写真映(しゃしんば)えする'는 '사진으로 찍었을 때 멋지게 나오다'라는 뜻이다옹~.

01	□□ あそこ、写真映(しゃしんば)えも するし、癒(いや)されるよ～。	거기 사진발도 잘 받고 힐링되는 곳이야~.
02	□□ 穴場(あなば) スポット 見(み)つけた!	숨은 명소를 찾았어!
03	□□ 天気(てんき) いい 日(ひ)は 特(とく)に おすすめ!	날씨 좋은 날은 특히 추천이야!
04	□□ 夜景(やけい)が ほんとに キレイで 感動(かんどう)した。	야경이 정말로 예뻐서 감동했어.
05	□□ 食(た)べ歩(ある)きが 充実(じゅうじつ)してる エリアだよ。	길거리 음식이 잘되어 있는 지역이야.
06	□□ ゆっくり 散策(さんさく)するのに ちょうど いい 場所(ばしょ)。	천천히 산책하기에 딱 좋은 장소야.
07	□□ つい 長居(ながい)しちゃう系(けい) スポット。	나도 모르게 오래 있고 싶어지는 장소.

19

家族(かぞく)との 会話(かいわ)

가족과 대화할 때

'なんか'는 '뭐랄까, 왠지'라는 뜻으로 모호한 기분이나 느낌을 나타낸다냥~.

01	□□ 今日(きょう) あった こと 聞(き)いて~。	오늘 있었던 일 들어봐.
02	□□ なんか 久(ひさ)しぶりに ちゃんと 話(はな)した 気(き)が する。	오랜만에 마음껏 제대로 이야기한 것 같아.
03	□□ うちの 家族(かぞく)、なんだかんだ 仲(なか) いいよね。	우리 가족, 이러니저러니 해도 사이 좋네.
04	□□ あの時(とき)の 話(はなし)、今(いま) 思(おも)い出(だ)すと 笑(わら)えるよね。	그때 한 이야기 지금 생각해 보니 웃긴다.
05	□□ 心配(しんぱい) かけて ごめんね。	걱정 끼쳐 드려 죄송해요.
06	□□ 今度(こんど)、みんなで ご飯(はん) 行(い)こうよ!	다음번에 다 같이 밥 먹으러 가요!
07	□□ 家族(かぞく)って ありがたいなぁって 思(おも)った。	가족이란 게 때로는 감사한 존재구나 생각돼.

4장

식사

01

おいしい

맛있을 때

01	□□ これ、めっちゃ おいしい!	이거 너무 맛있어.
02	□□ 優(やさ)しい 味(あじ)で ほっこりする。	부드러운 맛에 마음마저 따뜻하고 기분이 좋아져.
03	□□ うますぎて 無言(むごん)に なった。	너무 맛있어서 말문이 막혔어.
04	□□ これ、いくらでも 食(た)べられる!	이거 얼마든지 먹을 수 있어!
05	□□ 想像(そうぞう) 以上(いじょう)の おいしさだった。	상상했던 것보다 훨씬 맛있어.
06	□□ 微妙(びみょう)な 味付(あじつ)けだな~。	묘한 맛이네~.
07	□□ リピ確定(かくてい)の やつ!	다시 먹을 것으로 찜했어!

Tip

'めっちゃ'는 'とても'의 구어체 표현으로, 원래 간사이 사투리지만, 지금은 전국적으로 젊은 층이 많이 쓴다냥~. 'リピ'는 repeat(반복하다)에서 나온 말로 젊은 층에서 'リピ確定(かくてい)' 형태로 sns나 대화에서 많이 쓴다옹~.

02

味(あじ)わい ❶

맛을 표현할 때 ❶

'控(ひか)えめ'는 '절제됨, 과하지 않음'이라는 뜻으로 음식뿐 아니라 태도, 성격을 묘사할 때에도 자주 쓴다냥~.

01	□□ 味(あじ) しっかりしてて 好(この)み!	간이 확실히 배어 있어서 내 취향!
02	□□ 甘(あま)さ 控(ひか)えめで ちょうど いい。	단맛이 조금 덜한 게 딱 좋아.
03	□□ ちょっと 濃(こ)いけど、クセに なる。	조금 진하지만 중독될 것 같아.
04	□□ 薄味(うすあじ)だけど 素材(そざい)の 味(あじ)が 活(い)きてる!	싱겁지만 재료의 맛이 살아 있어!
05	□□ 辛(から)すぎず、食(た)べやすい 辛(から)さ。	맵지도 않고 먹기 좋은 맛이야.
06	□□ あっさりしてて ペロッと いける。	담백하니 한 접시 금방 비울 수 있겠어.
07	□□ ガツンと くる 味(あじ)で 元気(げんき) 出(で)た!	입맛을 확 자극하는 맛으로 힘이 솟았어!

03

味(あじ)わい ❷

맛을 표현할 때 ❷

01	□□ この ダシの 効(き)き方(かた)、最高(さいこう)。	이 육수 우림 최고.
02	□□ 後(あと)から じわっと 辛(から)さが くるね。	먹고 난 후 지그시 뒷맛이 매워.
03	□□ 甘辛(あまから) バランスが 絶妙(ぜつみょう)!	달고 매운맛이 절묘해!
04	□□ 食(た)べるたびに 発見(はっけん)が ある 味(あじ)。	먹을 때마다 새로운 맛이 나.
05	□□ コクが あって 深(ふか)みが ある!	감칠맛이 있어 깊은 맛이 나!
06	□□ 香(こう)ばしさが たまらん。	고소한 맛이 참을 수 없어.
07	□□ 味変(あじへん)すると また おいしい!	다른 조미료를 넣으니 또 맛있어!

Tip ‘甘辛(あまから)’는 ‘甘口(あまくち)’(단맛)와 ‘辛口(からくち)’(매운맛)가 합쳐진 표현인데, ‘보통맛’은 ‘中辛(ちゅうがら)’라고 한다옹~.

04

しょっかん
食感

식감을 표현할 때

01	□□ 外(そと)は カリッ、中(なか)は ふわっ!	겉은 바삭하고, 속은 부드럽네!
02	□□ モチモチで 食(た)べごたえ ある～。	쫄깃쫄깃한 게 씹는 맛이 있어~.
03	□□ サクサクが たまらない!	바삭바삭한 맛이 참을 수 없어!
04	□□ トロトロで 口(くち)の 中(なか)で すぐ 溶(と)ける。	너무 부드러워서 입안에서 금세 녹는다.
05	□□ シャキシャキで 新鮮(しんせん)さが 伝(つた)わる。	아삭아삭 소리가 신선함이 느껴져.
06	□□ ちゅるんと 喉(のど)ごしが いい!	부드러워 목 넘김이 좋아.
07	□□ ふわふわで やさしい 口当(くちあ)たり。	입에 닿는 느낌이 폭신하고 부드러워.

Tip ‘カリッ’(바사삭), ‘ふわっ/ふわふわ’(폭신폭신), ‘モチモチ’(쫄깃쫄깃), ‘サクサク’(바삭바삭), ‘トロトロ’(사르르), ‘シャキシャキ’(아삭아삭) 외에 식감을 나타내는 의성어에는 뭐가 더 있을까?

05

温度感(おんどかん)

뜨거운 음식을 먹을 때

'(笑)'는 한국의 'ㅋㅋㅋ'로 표현할 수 있다냥~.

01	□□ アツアツすぎて 口(くち)の 中(なか) やけどした(笑)。	너무 뜨거워 입안이 델 정도야(ㅋㅋㅋ).
02	□□ ちょうど いい 温(あたた)かさで ほっとする。	먹기에 딱 적당해서 마음이 놓여.
03	□□ じんわりする/さっぱりしている。	촉촉함이 젖어오다/담백한 맛이다.
04	□□ キンキンに 冷(ひ)えてて 最高(さいこう)!	제대로 시원한 게 최고의 맛이야!
05	□□ あったかい 料理(りょうり)って なんか 落(お)ち着(つ)く。	따뜻한 요리를 먹으면 왠지 차분해져.
06	□□ 冷(つめ)たくて さっぱりしてる～。	시원하고 깔끔한 맛이네~.
07	□□ 湯気(ゆげ) 出(で)てる。	김이 모락모락 나.

06

食事を作る

식사를 준비할 때

'冷蔵庫(れいぞうこ)の残(のこ)り物(もの)'는 '냉장고의 남은 재료'라는 말로 '냉털, 냉장고 털이 요리'라는 뜻이다옹~.

01	□□ 冷蔵庫の 残りもので なんとか した!	냉장고에 남은 재료로 대충 만들었어!
02	□□ 今日は ちょっと 頑張って 自炊した。	오늘은 조금 힘줘서 직접 만들었어.
03	□□ 料理すると 無心に なれて いいね。	요리하면 왠지 아무 생각이 없어져서 좋아.
04	□□ 焦がしたけど、味は 悪く なかった。	약간 탔지만, 맛은 나쁘지 않아.
05	□□ 新しい レシピ 試して みたよ。	새로운 레시피로 시험 삼아 만들어 봤어.
06	□□ 味見してたら 半分 なくなった。	맛 좀 봤더니 어느새 반이나 없어졌어.
07	□□ 盛り付けって 意外と 難しい。	음식을 보기 좋게 담는 게 의외로 어려워.

07

食事(しょくじ)の時(とき)

식사할 때

01	□□ いただきまーす!	잘 먹겠습니다!
02	□□ この 一口目(ひとくちめ)が たまらんのよ。	요렇게 한입 먹는 순간이 참을 수 없이 좋아.
03	□□ はい、シェアしよ~。	그래, 나눠 먹자!
04	□□ ちょっと この ソース やばく ない?	이 소스 너무 맛있지 않아?
05	□□ これ、誰(だれ)かにも 食(た)べて ほしい!	이거 다른 사람에게도 권하고 싶어.
06	□□ 食(た)べる 手(て)が 止(と)まらない。	맛있어서 손을 멈출 수가 없어.
07	□□ ごちそうさまでした! 満腹(まんぷく)!	잘 먹었습니다. 배 터질 것 같아!

Tip ‘やばい’는 ‘위험하다’라는 뜻이지만 젊은 층에서는 ‘엄청나다, 맛있다’는 뜻으로 쓰인다옹~.

08

外食の時

외식할 때

'コスパ'는 'コストパフォーマンス'의 줄임말로 '가성비'라는 뜻이다옹~.

01	□□	並んだけど、待った甲斐あった!	오래 기다린 보람이 있네!
02	□□	メニュー 多すぎて 迷う～。	메뉴가 너무 많아서 고르기 어려워.
03	□□	写真と 同じで びっくりした。	사진이랑 똑같아서 놀랐어.
04	□□	注文してから 来るの 早っ!	주문하자마자 나오다니 빠르네!
05	□□	店員さん 感じ よかったな～。	점원 서비스가 좋았어.
06	□□	一人でも 入りやすい お店だった。	혼자서도 들어가기 편한 가게였어.
07	□□	コスパ 最高だった!	가성비 최고였어!

09

しょくよく
食欲

식욕이 넘칠 때

'食欲(しょくよく)の 秋(あき)'는 '식욕의 가을'이라는 뜻으로 가을은 맛있는 음식이 많아서 식욕이 늘어난다는 계절적 표현이다냥~.

01	□□ 今日(きょう) めっちゃ 食欲(しょくよく) ある!	오늘은 식욕이 넘치네.
02	□□ お腹(なか) すきすぎて 無理(むり)…早(はや)く 食(た)べたい。	배가 너무 고파서 참을 수 없네. 빨리 먹고 싶어.
03	□□ 食(た)べても 食(た)べても お腹(なか) 減(へ)る(笑)。	먹어도 먹어도 배가 고파 (ㅋㅋㅋ).
04	□□ ダイエット中(ちゅう)だけど、これは 食(た)べる。	다이어트 중이지만 이건 먹을래.
05	□□ 夜中(よなか)だけど ラーメン 行(い)きたい…。	한밤중인데 라면이 먹고 싶어.
06	□□ 食欲(しょくよく)が 止(と)まらない 秋(あき)。	식욕이 멈추지 않는 가을.
07	□□ おいしい 匂(にお)い 嗅(か)ぐと 一気(いっき)に お腹(なか) すく。	맛있는 냄새를 맡으니 금방 배가 고파지네.

10

飲食(いんしょく)での ひとこと

음식 앞에서

01	□□ それ 何(なに) 食(た)べてるの？ おいしそう！	그거 뭐야? 맛있어 보여!
02	□□ 一口(ひとくち) ちょうだい～。	한입만 줘~.
03	□□ どこの 店(みせ)? 場所(ばしょ) 教(おし)えて!	어느 가게야? 장소 알려줘!
04	□□ これ 作(つく)ったの? すごいね!	이거 직접 만든 거야? 멋져.
05	□□ 今度(こんど) 一緒(いっしょ)に 食(た)べに 行(い)こうよ!	다음에 함께 먹으러 가자!
06	□□ ボリューム すごく ない?	양이 엄청나네?
07	□□ スイーツは 別腹(べつばら)だね。	디저트 배는 따로 있지.

Tip 'ちょうだい'는 '주세요'라고 요청하는 표현이다옹~.

4장 식사

11

おもてなし トーク

식당에서

'おもてなし'는 '(진심을 다한) 대접, 환대'라는 뜻으로, 아래 표현들은 일본 식당에서 점원에게 실제로 들을 수 있는 응대 표현들이다옹~.

01	□□ こちら、季節限定(きせつげんてい) メニュー/フェア 開催中(かいさいちゅう)です。	계절 한정 메뉴/박람회 개최 중입니다.
02	□□ ご注文(ちゅうもん)は 以上(いじょう)で よろしいでしょうか。	더 필요한 거 없으십니까?
03	□□ 少々(しょうしょう) お時間(じかん) いただきますが、よろしいですか。	조금 시간이 걸릴 거 같은데, 괜찮으세요?
04	□□ お飲(の)み物(もの)は 何(なに)に なさいますか。	음료는 뭘로 하실래요?
05	□□ おかわり いかがですか。	리필하시겠어요?, 한 그릇 더 드실래요?
06	□□ 本日(ほんじつ) おすすめの 一品(いっぴん)です。	오늘의 추천 음식입니다.
07	□□ 恐(おそ)れ入(い)りますが、ただいま 満席(まんせき)と なって おります。	죄송합니다만, 방금 자리가 다 찼습니다.

12

ラーメン屋(や)で

라면집에서 ❶

'麺(めん)の かたさ'는 면발의 익힘 정도를 뜻하는 말로 라멘 등을 주문할 때 '단단한 면'은 'かため', '부드러운 면'은 'やわからめ'라고 말하면 된다냥~.

01	□□ この スープ、飲(の)み干(ほ)したく なる やつ!	이 국물 다 마시고 싶어지네.
02	□□ 麺(めん)の かたさ、ちょうど いい~。	면발이 먹기에 딱 좋네~.
03	□□ 替(か)え玉(だま)しようか 迷(まよ)ってる。	면을 추가할까 고민 중.
04	□□ 背脂(せあぶら) たっぷりだけど 意外(いがい)と くどく ない!	돼지비계가 잔뜩 붙었는데도 의외로 질기지 않네!
05	□□ チャーシュー 分厚(ぶあつ)っ!	차슈가 도톰하네!
06	□□ 卓上(たくじょう)の ニンニク 入(い)れると 味変(あじへん)して 最高(さいこう)。	식탁 위 마늘을 넣으면 훨씬 맛있어져.
07	□□ 並(なら)んでも 食(た)べたく なる 理由(りゆう) わかるわ。	기다려서라도 먹고 싶은 이유를 알겠네.

13

ラーメンの 種類(しゅるい)

라면집에서 ❷

01	□□ 醤油(しょうゆ)ラーメン	간장 맛 라면
02	□□ 味噌(みそ)ラーメン	된장 맛 라면
03	□□ 塩(しお)ラーメン	소금 맛 라면
04	□□ 豚骨(とんこつ)ラーメン	돼지뼈 국물 라면
05	□□ 魚介系(ぎょかいけい)ラーメン (煮干(にぼ)し・鰹節(かつおぶし) など)	해산물 라면 (말린 생선, 가쓰오부시 등)
06	□□ つけ麺(めん)	국물에 찍어 먹는 라면
07	□□ 油(あぶら)そば・まぜそば	비벼 먹는 라면

Tip 일본 직장인들은 회식 마지막에 '締(し)め'라고 해서 마무리 음식을 먹는데, 대표적인 게 라멘(라면)이다옹~.

14

居酒屋(いざかや)で

선술집에서 ❶

01	□□	とりあえず、生(なま)で!	우선 생맥주 한 잔!
02	□□	乾杯(かんぱい)～! おつかれ～!	건배~! 수고했어요~!
03	□□	この おつまみ、酒(さけ)に 合(あ)うなぁ。	이 안주, 술에 잘 어울리네.
04	□□	ちょっとずつ シェアしよっか。	조금씩 나눠 먹자.
05	□□	次(つぎ) 何(なに) 飲(の)む?	다음에 뭐 마실래?
06	□□	ゆっくり 話(はな)せて よかった～。	편하게 대화할 수 있어서 좋았어.
07	□□	締(し)め、ラーメン 行(い)く?(笑)	마지막으로 라면 먹을래? (ㅋㅋㅋ)

Tip 일본의 선술집인 이자카야에서는 본격적으로 주문을 하기 전에 우선 (생)맥주를 시키는 문화가 있는데, 이때 쓰는 말이 'とりあえず ビール～/生(なま)で~'(맥주/생맥주 먼저 주세요~)다냥~.

15

酔(よ)い

선술집에서 ❷

01	□□ 酔(よ)ってる？	취했어?
02	□□ 酔(よ)いが 回(まわ)る/覚(さ)める。	술이 오르다/깨다.
03	□□ 今日(きょう) めっちゃ 酔(よ)ってるやん。	오늘 완전히 취했어.
04	□□ 顔(かお) 赤(あか)く なってない？	얼굴 빨개지지 않았어?
05	□□ 酔(よ)っ払(ぱら)った。	술취했다.
06	□□ 二日酔(ふつかよ)い。	숙취가 오르다.
07	□□ 今日(きょう)は 飲(の)みます/控(ひか)えときます。	오늘은 마실래요/참을래요.

Tip

'～てる/てない'는 '～ている/ていない'의 축약 표현이고, '～ときます'는 '～ておきます'의 축약 표현이다냥~.

16

食事(しょくじ)の 好(この)み

음식 취향을 말할 때

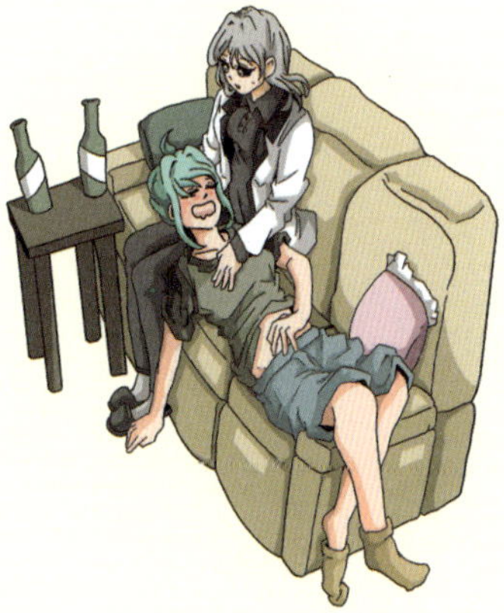

01	□□ 辛(から)いの 得意(とくい)な ほう?	매운 거 잘 먹는 편이야?
02	□□ 甘(あま)い ものは 別腹(べつばら)だよね~。	단거 먹는 배는 따로 있지~.
03	□□ 和食派(わしょくは)? 洋食派(ようしょくは)?	일식파? 양식파?
04	□□ 味濃(あじこ)いめが 好(す)きなんだよね。	좀 진한 맛을 좋아하는 편이지?
05	□□ パクチー、好(す)き嫌(きら)い 分(わ)かれるよね(笑)。	고수, 호불호가 있지(ㅋㅋㅋ).
06	□□ 毎日(まいにち)でも 食(た)べられるのは カレー!	매일 먹을 수 있는 건 역시 카레!
07	□□ 私(わたし)は 断然(だんぜん)、もちもち系(けい)!	나는 역시나 쫀득파!

Tip '和食派(わしょくは)'는 아침 식사로 밥이나 된장국 등 일본식으로 먹는 사람, '洋食派(ようしょくは)'는 빵이나 시리얼 등 서양식으로 먹는 사람을 뜻한다옹~.

5장

만남

01

出会(であ)い

이성과의 첫 만남 ❶

‘人目惚(ひとめぼ)れ’는 ‘첫눈에 반함’이라는 뜻이다냥. ‘짝사랑’은 일본어로 ‘片想(かたおも)い’라고 한다옹~.

01	□□ 初(はじ)めて 会(あ)った 時(とき)、一目惚(ひとめぼ)れ。	처음 만났을 때 첫눈에 반함.
02	□□ アプリで 知(し)り合(あ)ったんだよ。	앱으로 알게 됐어.
03	□□ 友達(ともだち)の 紹介(しょうかい)で 知(し)り合(あ)ったんだ。	친구 소개로 알게 됐어.
04	□□ こんな 出会(であ)いって 珍(めずら)しいよね。	이런 만남, 좀처럼 없을 거야.
05	□□ ちょっと タイプかも…って 内心(ないしん) 思(おも)ってた。	내 스타일인데…하고 마음속으로 생각했다.
06	□□ 最初(さいしょ)は 全然(ぜんぜん) 話(はな)さなかったけどね(笑)。	처음에는 전혀 말도 못했는데(ㅋㅋㅋ).
07	□□ まさか ここから 始(はじ)まるとは 思(おも)わなかった!	설마 이렇게 시작될 줄은 생각도 못했어!

02

初対面(しょたいめん)

이성과의 첫 만남 ❷

'はじめまして'는 '처음 뵙겠습니다'라는 뜻으로 처음 만났을 때 하는 인사말이다냥~.

01	□□ はじめまして、～です。	처음 뵙겠습니다, ~입니다.
02	□□ 緊張(きんちょう)したけど、すぐに 打(う)ち解(と)けられた。	긴장했지만 바로 자연스럽게 이야기를 주고받았어.
03	□□ 最初(さいしょ)は どんな 人(ひと)か 分(わ)からなかったけど…。	처음에는 어떤 사람인지 알 수 없었는데….
04	□□ とりあえず、笑顔(えがお)が 素敵(すてき)だったのは 覚(おぼ)えてる。	우선, 웃는 얼굴이 멋졌다는 건 기억하고 있어.
05	□□ あ、共通(きょうつう)の 知(し)り合(あ)いだったよね?	아, 둘 다 아는 사람이었지?
06	□□ 最初(さいしょ)は ちょっと 距離感(きょりかん) あったよね。	처음에는 왠지 거리감이 느껴졌어.
07	□□ いきなり 話(はな)しかけちゃって ごめんね(笑)。	갑자기 말 걸어서 미안해(ㅋㅋㅋ).

03

印象(いんしょう) 良(よ)い

상대가 호감일 때

'気遣(きづか)い'는 '눈치, 배려, 신경 씀'이라는 뜻의 긍정적인 표현이다옹. 사회생활이나 연애에서 상대방을 칭찬하는 매우 일본스러운 표현이다냥~.

01	□□ 話(はな)してて すごく 心地(ここち) よかった。	이야기해 보니 너무 마음이 편했어.
02	□□ 笑顔(えがお)が 自然(しぜん)で 素敵(すてき)だった。	자연스럽게 웃는 얼굴이 멋졌어.
03	□□ 一緒(いっしょ)に いて 安心(あんしん)できる 感(かん)じがした。	함께 있으면 안심할 수 있는 느낌이 들었어.
04	□□ 気遣(きづか)いが できる 人(ひと)って 印象(いんしょう)。	남을 배려할 줄 아는 사람이란 인상.
05	□□ 初対面(しょたいめん)なのに 不思議(ふしぎ)と 落(お)ち着(つ)いた。	초면인데 왠지 마음이 편했어.
06	□□ 話(はな)してて 時間(じかん)が あっという間(ま)だった。	말하다 보니 시간이 어떻게 갔는지 모를 정도야.
07	□□ また 会(あ)いたいなって 思(おも)った。	또 만나고 싶은 느낌이 들었어.

04

印象(いんしょう) 悪(わる)い

상대가 비호감일 때

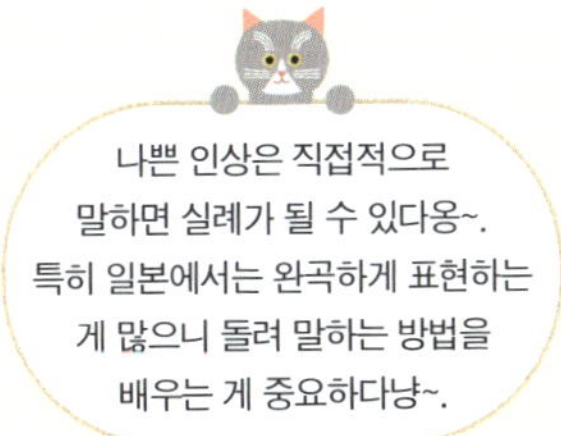

01	□□ ちょっと 違(ちが)うなって 思(おも)う 部分(ぶぶん)が あった。	생각한 것과 좀 다른 거 같았다.
02	□□ うーん、なんか 気(き)に なる 点(てん)が あるな。	음~, 뭔가 신경 쓰여.
03	□□ 相性(あいしょう)が 良(よ)く ない 気(き)が する。	궁합이 맞지 않는 거 같아.
04	□□ 相手(あいて)の ことを うまく 理解(りかい)できなかった。	상대방을 올바로 이해할 수 없었다.
05	□□ 話(はなし)が 噛(か)み合(あ)わなかった。	서로 얘기가 안 맞았다.
06	□□ ずっと スマホ 見(み)てたのが 気(き)に なった。	(말하는 중에) 계속 스마트폰을 본 게 마음에 걸렸다.
07	□□ 正直(しょうじき)、あまり いい 印象(いんしょう)は 残(のこ)ってないかも。	솔직히 그다지 좋은 인상은 남지 않았을지도 (몰라).

05

好意(こうい)を 伝(つた)える

호감을 표현할 때

일본어에서 고백 표현은 직접형과 완곡형이 있는데, 상대와의 관계 단계에 맞는 표현을 고르는 게 중요하다옹~. 초반부터 직접적으로 표현하면 상대방이 부담스러워할 수도 있다옹~.

01	□□ 君(きみ)のこと、気(き)に なって しょうがないんだ。	네가 신경 쓰여 미치겠어.
02	□□ 正直(しょうじき)、君(きみ)の ことが 好(す)きだよ。	솔직히 네가 좋아.
03	□□ 君(きみ)と いると、自然(しぜん)に 笑顔(えがお)に なれる。	너와 있으면 저절로 웃음이 나와.
04	□□ 君(きみ)の ことを 考(かんが)えて しまう。	너만을 생각하게 돼.
05	□□ 会(あ)うたびに 君(きみ)の ことが もっと 好(す)きに なって いく。	만날 때마다 네가 더 좋아지네.
06	□□ 気(き)づいたら、目(め)で 君(きみ)を 追(お)ってた。	정신 차려 보니 눈으로 너만을 쫓고 있네.
07	□□ 一緒(いっしょ)に いると、時間(じかん)が あっという 間(ま)なんだ。	함께 있으면 시간이 순식간이네.

06

展開(てんかい) ❶

연인 관계가 시작될 때 ❶

친구에서 연인이 되기 전 '썸 타는 관계'일 때는 '友達(ともだち)以上(いじょう)恋人(こいびと)未満(みまん)'(친구 이상, 연인 미만)이라고 한다옹~. 일본어 연애 표현은 직접 말하는 것보다 느낌과 흐름을 드러내는 방식이 많다냥~.

01	□□ 最近(さいきん)、少(すこ)しずつ 距離(きょり)が 縮(ちぢ)まって いる 気(き)が する。	요즘 조금씩 거리감이 없어지는 것 같아.
02	□□ 次(つぎ)の デート、楽(たの)しみに している。	다음 데이트 기대돼.
03	□□ 最近(さいきん)、気(き)づいたら その 人(ひと)のこと 考(かんが)えてる。	요즘 생각해 보니 그 사람만을 생각하고 있는 거 같아.
04	□□ 気持(きも)ち、伝(つた)えるべきかな。	내 마음을 전해야 하나?
05	□□ ちゃんと 目(め)を 見(み)て 話(はな)したい。	제대로 눈을 보고 말하고 싶어.
06	□□ 友達(ともだち) 以上(いじょう)の 気持(きも)ちに なってる かも。	친구 이상의 감정이 된 걸지도 몰라.
07	□□ そろそろ ちゃんと 向(む)き合(あ)って みたい。	이제 본격적으로 사귀어 보고 싶어.

07

てん かい
展開 ❷

연인 관계가 시작될 때 ❷

'付(つ)き合(あ)う'는 이성 간에는 '교제하다, 사귀다'라는 의미로 쓰이지만, '(의리나 교제상) 행동을 같이하다, 동조하다'라는 뜻으로도 쓰인다냥~.

01	□□ 関係(かんけい)が 深(ふか)まって きたね。	좀 더 관계가 깊어졌네.
02	□□ 次(つぎ)は どこに 行(い)こうか。	다음에는 어디 갈까?
03	□□ もっと 一緒(いっしょ)に 時間(じかん)を 過(す)ごしたいな。	좀 더 같이 시간을 보내고 싶은데.
04	□□ このまま 進(すす)んで みようか。	이대로 사귀어 볼까?
05	□□ もう ちょっと お互(たが)いを 知(し)りたいな。	서로를 좀 더 알고 싶은데.
06	□□ 付(つ)き合(あ)わない？	우리 사귈래?
07	□□ 気(き)づいたら 毎日(まいにち) 連絡(れんらく) 取(と)ってる。	정신 차려 보니 어느새 매일 연락하고 있네.

08

恋の段階

사랑에 빠졌을 때

'気(き)に なる'는 '마음에 걸리다, 걱정되다, 신경 쓰이다'라는 뜻이고, '気(き)が する'는 '생각이 들다, 느낌이 들다'라는 뜻이다옹~.

01	□□ まだ 付き合ってないけど、気に なる 存在だよ。	아직 사귀지는 않지만, 왠지 마음이 가는 존재야.
02	□□ まだ 付き合う 前だけど、少しずつ 進んでる 気が する。	아직 사귀기 전이지만, 조금씩 진전되는 느낌이 들어.
03	□□ 付き合う 前って ドキドキする。	사귀기 전에는 왠지 가슴이 두근두근하지.
04	□□ 付き合って はじめて 1ヶ月 記念♡。	사귄 지 한 달 기념♡.
05	□□ なんとなく 付き合ってる 感じ かな～。	왠지 사귀고 있는 느낌이네~.
06	□□ 週末は だいたい 会ってるかも。	주말은 대체로 만나고 있어.
07	□□ まだ お互い 様子見って とこかも。	아직 서로 관찰하는 중일지도 몰라.

09

関係地(かんけいち)

현실 연애의 다양한 모습

01	□□ 遠距離(えんきょり) 恋愛(れんあい)	장거리 연애
02	□□ 一夜限(いちやかぎ)り	하룻밤의 사랑
03	□□ 割(わ)り切(き)った 関係(かんけい)	분명한 관계
04	□□ マンネリ	매너리즘
05	□□ 痴話喧嘩(ちわげんか)	사랑 싸움
06	□□ フレンドゾーン	친구 같은 관계
07	□□ すれ違(ちが)う	스쳐 지나가는 인연

Tip 이상적인 연애가 아닌 현실 연애의 다양한 모습을 나타내는 일본어 표현이다냥~.

10

関係(かんけい)

썸? 친구? 연인?

01	□□ 私(わたし)たち、付(つ)き合(あ)って いるのかな?	우리 사귀고 있나?
02	□□ やっと 付(つ)き合(あ)う ことに なったよ。	드디어 사귀기로 했어.
03	□□ ちょっとだけ 距離(きょり)を 置(お)いた 方(ほう)が いいかも。	조금 거리를 두는 편이 좋을지도 몰라.
04	□□ 一緒(いっしょ)に いて 楽(たの)しいけど、不安(ふあん)も ある。	함께 있어 좋기는 한데 불안하기도 해.
05	□□ まだ ラベルは ないけど、特別(とくべつ)な 人(ひと)。	아직 이름은 지을 수 없지만, 특별한 사람.
06	□□ 友達(ともだち) 以上(いじょう) 恋人(こいびと) 未満(みまん)って やつかな。	친구 이상 연인까지는 아닌 그런 관계.
07	□□ 特別(とくべつ)な 存在(そんざい)だ。	특별한 존재야.

11

交際(こうさい) ステータス

연애를 시작할 때

01	□□ 今(いま)、付(つ)き合(あ)って 三(さん)ヶ(か)月(げつ)くらい。	지금 사귄 지 3개월 정도.
02	□□ まだ 付(つ)き合(あ)ってない。まだ 進行中(しんこうちゅう)かな。	아직 사귀는 건 아니지만, 썸 타는 관계.
03	□□ 今(いま)、付(つ)き合(あ)い始(はじ)めたばかりだよ。	막 사귀기 시작했어.
04	□□ 正式(せいしき)に 付(つ)き合(あ)う ことに なったよ。	우리 정식으로 사귀기로 했어.
05	□□ 付(つ)き合(あ)う ことに したよ。	사귀기로 했어.
06	□□ まだ 秘密(ひみつ)の 関係(かんけい)って 感(かん)じかな。	아직 비밀스런 관계라고나 할까.
07	□□ 付(つ)き合(あ)って いるって いうの、何(なん)だか 照(て)れるな。	사귄다고 하니 왠지 쑥스럽네.

12

恋愛中の トラブル

관계가 삐걱거릴 때

'既読(きどく)スルー'는 메시지를 읽고 답신을 하지 않는 것, 즉 '읽씹'을 뜻한다냥~.

01	□□ なんだか お互い すれ違ってる 感じが する。	왠지 서로 비켜 가는 느낌이야.
02	□□ 最近、少し 意見が 合わなくて ケンカしちゃった。	요즘 의견이 조금 맞지 않아서 싸웠어.
03	□□ 少し 冷静に なった 方が いいかも。	조금 냉정해지는 게 좋을지도 몰라.
04	□□ 既読スルーされると、さすがに てこ凹。	메시지 읽고 답이 없는 거 정말로 기분이 묘해.
05	□□ 嫉妬って、自分でも 嫌に なる。	질투라니 나라도 싫겠다.
06	□□ 疑ってばっかで つらく なる。	계속 의심받아서 힘들어.
07	□□ 信じたいのに、モヤモヤが 消えない。	믿고 싶은데 자꾸 의심스러워.

13

告白(こくはく)を 断(ことわ)る

고백을 거절할 때

고백을 거절할 때는 애매한 표현으로 거절하기보다 명확한 표현으로 거절하는 것이 좋다옹~.

01	□□ 気持(きも)ちは 嬉(うれ)しいけど、今(いま)は 付(つ)き合(あ)う 気持(きも)ちが ないんだ。	마음은 고맙지만, 지금은 사귈 생각이 없어.
02	□□ ごめん、今(いま)は 恋愛(れんあい)に 集中(しゅうちゅう)できない。	미안, 지금은 연애에 집중할 수 없어.
03	□□ ごめん、友達(ともだち)としてしか 見(み)れない。	미안, 친구 그 이상도 이하도 아니야.
04	□□ 優(やさ)しいけど、そういう 意味(いみ)では ないんだ。	다정하긴 한데 그런 의미는 아니었어.
05	□□ 他(ほか)に 好(す)きな 人(ひと)が いるんだ。	좋아하는 사람이 따로 있어.
06	□□ 本当(ほんとう)に ごめん、でも 正直(しょうじき)に 言(い)いたくて。	정말로 미안한데 솔직히 말하고 싶었어.
07	□□ 友達(ともだち)として 見(み)てる。	친구로 생각해.

14

別(わか)れる

이별을 고할 때

'さようなら'는 헤어질 때 사용하는 인사말인데 일상적으로 사용하는 'バイバイ', 'じゃね', 'では, また' 등은 재회의 뉘앙스가 있지만 이와 달리 'さようなら'는 작별만을 암시한다옹~.

01	□□ ごめん、もう 別(わか)れた 方(ほう)が いいと 思(おも)う。	미안, 이제 헤어지는 편이 좋을 거 같아.
02	□□ 私(わたし)たち、もう 別(わか)れよう。	우리 이제 헤어지자.
03	□□ もう 関係(かんけい)を 続(つづ)けるのが 辛(つら)い。	더 이상 관계를 유지하는 게 힘들어.
04	□□ 大事(だいじ)に できなく なった 自分(じぶん)が 嫌(いや)だった。	소중하게 대할 수 없는 내가 싫었어.
05	□□ ありがとう、そして さようなら。	고마워, 그리고 (영원히) 안녕.
06	□□ 幸(しあわ)せだったよ、本当(ほんとう)に。	정말로 행복했어.
07	□□ もう 前(まえ)みたいには 戻(もど)れないよ。	이제 예전처럼 돌아갈 수 없어.

15

好(す)きな 感情(かんじょう)

좋아하는 감정을 표현할 때

01	□□	胸(むね)が いっぱいに なる。	가슴이 벅차올라.
02	□□	好(す)きだよ/大好(だいす)き。	좋아해/아주 좋아해.
03	□□	愛(あい)してる/愛(いと)おしい。	사랑해/사랑스러워.
04	□□	すごく 幸(しあわ)せな 気分(きぶん)。	너무 행복한 기분이야.
05	□□	思(おも)い出(だ)すだけで ニヤけちゃう。	생각만 해도 웃음이 절로 나.
06	□□	大事(だいじ)に されてるって 感(かん)じた。	소중히 대해 주는 게 느껴졌어.
07	□□	一緒(いっしょ)に いるだけで 安心(あんしん)する。	같이 있는 것만으로 마음이 놓여.

16

嫌(きら)いな 感情(かんじょう)

싫어하는 감정을 표현할 때

01	□□ 大嫌(だいきら)い!	너무 싫어!
02	□□ 恨(うら)む。	원망스러워.
03	□□ イヤな 気持(きも)ち。	싫은 기분이야.
04	□□ やるせない 思(おも)い。	어쩔 수 없는 마음.
05	□□ むかつく ことが ある。	화 나는 일이 있어.
06	□□ ちょっと ヤキモチを 焼(や)いちゃった。	조금 질투해 버렸네.
07	□□ なんで こんなに 不安(ふあん)に なるんだろう。	왜 이리 불안하지.

Tip

'やきもち'는 '질투, 샘, 시기'라는 뜻인데, '질투하다'라고 표현할 때는 동사 '焼(や)く'를 써서 'やきもちを 焼(や)く'라고 한다옹~. 동사만 써서 '질투하다'라고 할 때는 '妬(や)く'라고 한다냥~.

17

もどかしい感情(かんじょう)

안타까운 감정을 표현할 때

01	□□ 後悔(こうかい)する。	후회하다.
02	□□ 引(ひ)きずる。	질질 끌다.
03	□□ 忘(わす)れられない。	잊을 수 없다.
04	□□ 自信(じしん)なく なって きた。	자신이 없어졌어.
05	□□ 寂(さび)しいのに、うまく 伝(つた)えられない。	외로운데 잘 전해지지 않아.
06	□□ わかって ほしいけど、伝(つた)えられない。	알아 주길 원하는데, 전할 수가 없네.
07	□□ こころの モヤモヤ。	눈앞에서 아른거려.

18

呼び名 はじまり

연인 사이의 호칭 표현 ❶

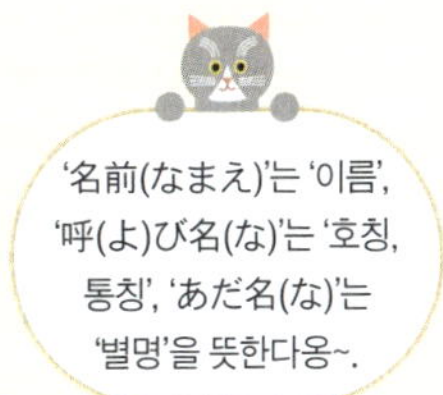

01	□□ 名前で 呼んでも いい？	이름 불러도 돼?
02	□□ ～くん(ちゃん)って 呼んで いい？	~라고 불러도 돼?
03	□□ なんか 呼び名 変わると 距離縮まるよね。	호칭을 다르게 부르니 왠지 거리감이 줄어드네.
04	□□ 名前 呼ばれると、なんか ドキッとする。	이름이 불리니 왠지 심장이 철렁해.
05	□□ あだ名で 呼びたいな～。	별명으로 부르고 싶어~.
06	□□ その 呼び方、好き。	그런 호칭 좋아.
07	□□ ちょっと 照れる。	조금 부끄럽네.

19

呼び方

연인 사이의 호칭 표현 ❷

01	□□ 名前で 呼ばれるの、嬉しいかも。	이름으로 불리니 더 기쁜걸.
02	□□ ~ちゃん付けって ちょっと 照れる(笑)。	~로 불리니 왠지 창피한데(ㅋㅋㅋ).
03	□□ 二人だけの 呼び方とか 欲しいな。	둘만의 명칭이 있었으면 좋겠어.
04	□□ その 呼び方、実は けっこう 好き。	그렇게 불러 주는 거, 실은 너무 좋아.
05	□□ 呼ばれ方で 気持ちって 伝わるよね。	명칭에 따라서 그 마음이 전해지네.
06	□□ 最初は「さん」付けだったのに 今は…♡。	처음에는 '~씨'라고 불렸는데, 지금은…♡.
07	□□ あだ名、地味に 定着して きた。	어느샌가 서로 별명으로 부르게 됐네.

Tip

일본의 호칭에는 'さん' 'ちゃん' 'くん'이 있다옹. 'さん'(~씨)은 가장 기본적인 호칭이고 'ちゃん'은 주로 여자아이를 친근하게 대할 때, 'くん'은 남자(아이)나 회사에서는 여성을 부를 때도 쓸 수 있다옹~.

20

恋愛(れんあい)の オノマトペ

설렘을 나타내는 표현

01	□□ 彼(かれ)と いると ドキドキする。	그와 있으면 왠지 가슴이 두근거려.
02	□□ 初(はじ)めての デートで ワクワクする。	첫 데이트라 마음이 두근거려.
03	□□ ボッと 胸(むね)が 温(あたた)かく なる。	확 가슴이 따뜻해졌어.
04	□□ 彼女(かのじょ)の 気持(きも)ちが 分(わ)からなくて、モヤモヤする。	그녀 마음을 알 수 없어서 뭔가 답답해.
05	□□ 彼(かれ)からの 一言(ひとこと)で トキメキを 感(かん)じた。	남자 친구의 한마디로 두근거렸어.
06	□□ 手(て)を 繋(つな)いで ポカポカした 気分(きぶん)。	손을 잡으니 따뜻한 느낌이야.
07	□□ 微笑(ほほえ)まれて、キュンキュンした。	(그녀의) 미소에 내 마음이 심쿵했다.

Tip

'ドキドキする/ワクワクする'(두근거리다), 'モヤモヤする'(아른거리다), 'トキメキ'(두근거림), 'ポカポカする'(따끈거리다), 'キュンキュンする'(심쿵하다) 외에 설렘을 나타내는 표현에는 어떤 것들이 있을까?

6장

여행

01

道案内(みちあんない)

길을 묻고 답할 때

'곧장 가다'는 'まっすぐ 行(い)く', '오른쪽/왼쪽으로 돌다'는 '右(みぎ)/左(ひだり)に 曲(ま)がる'라고 한다옹.

01	□□	すみません、この 近(ちか)くの 駅(えき)は どこですか。	죄송합니다, 이 근처에 가까운 역은 어디예요?
02	□□	駅(えき)までは どれぐらいの 時間(じかん)が かかりますか。	역까지는 시간이 얼마나 걸려요?
03	□□	道(みち)に 迷(まよ)って しまいました。	길을 잃었어요.
04	□□	この 辺(あた)りで 一番(いちばん) 近(ちか)い コンビニ は どこですか。	이 근처에서 가장 가까운 편의점은 어디예요?
05	□□	この 道(みち)を まっすぐ 行(い)って、右(みぎ)に 曲(ま)がると 駅(えき)が あります。	이 길을 곧장 가서 오른쪽으로 돌면 바로 역이에요.
06	□□	この 住所(じゅうしょ)に 行(い)くには どう すれ ば いいですか。	이 주소에 가려면 어떻게 하면 될까요?
07	□□	ここから タクシーで どれぐら い かかりますか。	여기에서 택시로 얼마나 걸려요?

02

電車(でんしゃ)・バスに 乗(の)る

전철이나 버스를 탈 때

01	□□ この 電車(でんしゃ)は 渋谷(しぶや)行(ゆ)きですか。	이 전철은 시부야행이에요?
02	□□ バスは どこで 乗(の)りますか。	버스는 어디서 타요?
03	□□ 切符(きっぷ)を 買(か)いたいのですが、どう すれば いいですか。	표를 사고 싶은데요, 어떻게 하면 될까요?
04	□□ 券売機(けんばいき)の 使(つか)い方(かた)が わかりません。	발매기 사용법을 몰라요.
05	□□ 次(つぎ)の 駅(えき)は どこですか。	다음 역은 어디예요?
06	□□ 乗(の)り換(か)えは どこですか。	갈아타는 곳은 어디인가요?
07	□□ この 電車(でんしゃ)は 急行(きゅうこう)ですか。	이 전철은 급행이에요?

Tip '渋谷(しぶや)行(ゆ)き'는 '신주쿠행'이란 뜻으로 '~行(ゆ)き'는 대중교통의 행선지를 말할 때 쓴다냥~.

03

タクシーに 乗(の)る

택시를 탈 때

일본의 택시는 뒷문이 자동으로 열린다옹~.

01	□□ 日比谷(ひびや)ミッドタウンまで お願(ねが)いします。	히비야 미드 타운까지 가 주세요.
02	□□ この 住所(じゅうしょ)に 行(い)って ください。	이 주소로 가 주세요.
03	□□ 近(ちか)くの 駅(えき)まで 行(い)きたいのですが。	근처 역까지 가고 싶은데요.
04	□□ もう少(すこ)し ゆっくり 走(はし)って もらえますか。	좀 더 천천히 달려 주시겠어요?
05	□□ タクシーを 呼(よ)んで くれますか。	택시를 불러 줄래요?
06	□□ このまま まっすぐ 進(すす)んで ください。	이대로 쭉 가 주세요.
07	□□ もうすぐで 着(つ)きますか。	이제 곧 도착합니까?

04

ホテル ❶

호텔에서 ❶

01	□□ チェックイン お願(ねが)いします。	체크인 부탁합니다.
02	□□ Wi-Fi(ワイファイ)の パスワードを 教(おし)えてください。	와이파이 패스워드를 알려 주세요.
03	□□ 朝食(ちょうしょく)は 何時(なんじ)からですか。	조식은 몇 시부터예요?
04	□□ チェックインは 何時(なんじ)からですか。	체크인은 몇 시부터예요?
05	□□ チェックアウトは 何時(なんじ)までですか。	체크아웃은 몇 시까지예요?
06	□□ 荷物(にもつ)を 預(あず)けられますか。	짐을 맡길 수 있나요?
07	□□ お部屋(へや)の 掃除(そうじ)を お願(ねが)いします。	방 청소를 부탁합니다.

Tip 호텔을 이용할 때 많이 쓰는 표현에는 'モーニングコール'(모닝콜), 'ルームサービス'(룸 서비스) 등도 있다옹~.

05

ホテル ❷

호텔에서 ❷

'お湯(ゆ)'는 '온수',
'찬물'은 'お冷(ひ)や'
라고 한다옹~.

01	□□ 部屋(へや)の エアコンが 効(き)かないのですが。	룸 에어컨이 작동하지 않아요.
02	□□ シャワーの お湯(ゆ)が 出(で)ません。	샤워기의 따뜻한 물이 안 나와요.
03	□□ 部屋(へや)の 掃除(そうじ)を お願(ねが)いできますか。	룸 청소를 부탁드려도 될까요?
04	□□ タオルを 追加(ついか)して もらえますか。	타월을 더 주실 수 있나요?
05	□□ 枕(まくら)を 追加(ついか)で お願(ねが)いしたいです。	베개를 추가해 주셨으면 하는데요.
06	□□ テレビが 映(うつ)りません。	TV가 안 나와요.
07	□□ 他(ほか)の 部屋(へや)に 変更(へんこう)できますか。	다른 방으로 바꿔 주실 수 있나요?

06

ホテルの トラブル

호텔에서 ❸

'トイレ'는 '화장실'이고,
'화장실 휴지'는
'トイレットペーパー'
라고 한다옹~.

01	□□ 隣(となり)の 部屋(へや)が うるさくて 寝(ね)られません。	옆방이 시끄러워서 잠을 잘 수 없어요.
02	□□ 部屋(へや)を 変更(へんこう)して もらえますか。	방을 바꿔 주실 수 있나요?
03	□□ トイレが 詰(つ)まって います。	화장실 변기가 막혔어요.
04	□□ Wi-Fi(ワイファイ) 繋(つな)がりにくいんですけど…。	와이파이 연결이 어려워요.
05	□□ 予約(よやく)してた 内容(ないよう)と 違(ちが)うんですけど…。	예약한 내용과 조금 다른데요.
06	□□ すみません、お部屋(へや)の エアコンが 効(き)かなくて…。	죄송합니다, 방 에어컨이 작동하지 않아서요.
07	□□ スタッフの 対応(たいおう)が 悪(わる)かったです。	직원들의 대응이 나빴어요.

07

旅(たび)の 計画(けいかく)

여행 계획을 세울 때

'いい とこ'는 '좋은 곳'으로,
'とこ'는 'ところ'의
축약 표현이다냥~.

01	□□ 予算内(よさんない)で いい とこ ないかな？	예산에 맞는 좋은 곳 없으려나?
02	□□ 現地(げんち)で 何(なに) したいか リスト 作(つく)って みよう。	현지에서 무엇을 하고 싶은지 리스트 만들어 보자.
03	□□ 宿(やど)は アクセス重視(じゅうし)で 探(さが)したい。	숙소는 접근성이 좋은 곳으로 찾고 싶어.
04	□□ 移動手段(いどうしゅだん)は どうする？ 新幹線(しんかんせん)？ 飛行機(ひこうき)？	이동 수단은 어떻게 해? 신칸센? 비행기?
05	□□ 日程(にってい) 決(き)めたら、早(はや)めに 予約(よやく)しよ～！	일정 정했으면 빨리 예약하자~!
06	□□ せっかくなら ご当地(とうち) グルメも 食(た)べたい！	모처럼이니까 그 지역 특산 음식도 먹고 싶어!
07	□□ 行(い)きたい 場所(ばしょ)、地図(ちず)に ピンして おこ！	가고 싶은 곳, 지도에 표시해 두자!

08

旅(たび)の リアルな 感想(かんそう) ❶

여행 소감을 말할 때 ❶

01	□□ 素晴(すば)らしい 景色(けしき)だった。	멋진 경치였어.
02	□□ 食(た)べ物(もの)が 本当(ほんとう)に おいしかった。	음식이 정말로 맛있었어.
03	□□ 人混(ひとご)みが 多(おお)くて 疲(つか)れた。	인파가 너무 많아서 지쳤어.
04	□□ 思(おも)ったよりも 物価(ぶっか)が 安(やす)かった!	생각했던 것보다도 물가가 저렴했어!
05	□□ 写真(しゃしん)より ずっと よかった、感動(かんどう)した。	사진보다 훨씬 좋았어, 감동이야.
06	□□ 交通(こうつう)が 便利(べんり)で 移動(いどう)が 楽(らく)だった。	교통이 편리해서 이동이 편했어.
07	□□ 天気(てんき)が とても 良(よ)くて、最高(さいこう)の 一日(いちにち)だった。	날씨가 너무 좋아서 최고의 하루였어.

Tip

'여행'을 뜻하는 말에는 '旅行(りょこう)'와 '旅(たび)'가 있는데, 두 단어의 차이점은 '旅行'는 한자어, '旅'는 순 일본어라는 것밖에 없다옹~.

09

旅(たび)の リアルな 感想(かんそう) ❷

여행 소감을 말할 때 ❷

'～すぎる'는 동사(ます형)나 형용사(어간)에 붙어 '너무 ~하다'라는 정도의 지나침을 뜻한다옹~.

01	□□ 人(ひと) 多(おお)すぎて 全然(ぜんぜん) ゆっくり できなかった。	사람들이 너무 많아서 전혀 편하게 쉴 수 없었어.
02	□□ 期待(きたい)しすぎたかも、ちょっと 残念(ざんねん)。	기대를 너무 많이 했나, 조금 실망스러워.
03	□□ 写真(しゃしん)と ちょっと 違(ちが)ったなぁ…。	사진하고는 조금 달랐어….
04	□□ 天気(てんき)が 悪(わる)くて、思(おも)ったより 楽(たの)しめなかった。	날씨가 좋지 않아서 생각만큼 즐기지 못했어.
05	□□ 移動(いどう)が 大変(たいへん)すぎた～。	이동이 너무 힘들었어.
06	□□ あれ？これだけ？って 思(おも)っちゃった(笑)。	'애걔, 이것밖에?'라는 생각이 들었어(ㅋㅋㅋ).
07	□□ まあ、経験(けいけん)としては アリだったかな。	뭐 경험치고는 좋은 편이었네.

10

お土産(みやげ)を 買(か)う

선물(기념품)을 고를 때

01	□□ 何(なに)を 買(か)うか 迷(まよ)うなぁ。	뭘 살지 고민스럽네.
02	□□ ちょっと 高(たか)いけど、これに する。	조금 비싸지만 이걸로 할래.
03	□□ お土産(みやげ)に ぴったり。	기념품으로 안성맞춤.
04	□□ 限定(げんてい)って 言(い)われると 弱(よわ)い。	한정 판매라는 소리에 약해.
05	□□ 日本(にほん)らしい お土産(みやげ)を 探(さが)して いるんだ。	일본스러운 선물을 찾고 있어.
06	□□ これは 自分用(じぶんよう)にも 欲(ほ)しく なる やつ。	이것은 나 자신에게 줄 선물로도 갖고 싶은 거.
07	□□ 渡(わた)した 時(とき)の 反応(はんのう)が たのしみ!	건네줄 때의 반응이 기대되는데!

Tip ‘선물’을 뜻하는 일본어에는 영어에서 나온 ‘プレゼント’(프레젠트), 남의 집을 방문할 때 가져가는 ‘手(て)みやげ’, 그 지역의 특산물에 해당하는 ‘お土産(みやげ)’ 등이 있다냥~.

11

警察(けいさつ)での トラブル 対応(たいおう)

경찰서에서 ❶

01	□□	盗難(とうなん)に 遭(あ)いました。	도난을 당했습니다.
02	□□	助(たす)けて ください！	도와주세요!
03	□□	事件(じけん)に 巻(ま)き込(こ)まれました。	사건에 휘말렸습니다.
04	□□	迷子(まいご)（子(こ)ども・友人(ゆうじん)）の 相談(そうだん)	미아(아이/친구) 상담
05	□□	被害届(ひがいとどけ)って ここで 出(だ)せますか。	피해 신고서는 여기서 제출합니까?
06	□□	スーツケースの 盗難(とうなん)	여행용 가방 도난
07	□□	騒音(そうおん)・トラブル相談(そうだん)	소음/트러블 상담

Tip

일본에서 긴급 상황이 생겼을 때 도움을 청하는 전화번호를 기억해 두라냥~. 소방 및 구조 번호는 한국과 같은 119이고, 경찰서 긴급 번호는 110이다옹~.

12

警察(けいさつ)での 手続(てつづ)き・届(とど)け出(で)

경찰서에서 ❷

일본을 여행하다 보면 '交番(こうばん)'을 자주 볼 수 있는데, '交番'은 우리의 '파출소, 지구대' 같은 곳이다냥.

01	□□ 警察署(けいさつしょ)は どこですか。	경찰서는 어디예요?
02	□□ スマホ 紛失(ふんしつ)	스마트폰 분실
03	□□ すみません、落(お)とし物(もの)を 届(とど)けたいんですが。	죄송합니다, 분실물을 신고하고 싶은데요.
04	□□ 財布(さいふ)を なくして しまって… 届(とど)け出(で)できますか。	지갑을 잃어버려서요, 분실 신고를 할 수 있나요?
05	□□ 身元確認(みもとかくにん) (旅先(たびさき)で パスポートが 必要(ひつよう) など)	신분 확인 (여행지에서는 여권이 필요)
06	□□ 今朝(けさ)から 見当(みあ)たりません。	아침부터 보이지 않습니다.
07	□□ 今朝(けさ)から ずっと 見当(みあ)たら なくて…。	오늘 아침부터 계속 찾았는데 찾을 수 없어서….

13

出会(であ)った 人(ひと)との 会話(かいわ)

여행지에서 친구를 사귈 때

'旅(たび)で'는 '여행으로'라는 뜻으로, 목적을 말할 때 뒤에 조사 'で'를 붙여 말하면 된다옹~.

01	□□ はじめまして。旅(たび)で 来(き)てるんですか。	처음 뵙겠습니다. 여행으로 왔나요?
02	□□ どこから 来(き)たんですか。	어디서 오셨어요?
03	□□ この辺(へん)で おすすめ ありますか。	이 주변에 추천할 만한 곳 있어요?
04	□□ 一人旅(ひとりたび)？それとも 友達(ともだち)と？	혼자서 여행? 아니면 친구랑 여행?
05	□□ こういう 出会(であ)いも 旅(たび)の 楽(たの)しさだよね。	이런 만남도 여행의 또 다른 즐거움이지.
06	□□ インスタ やってます？ 連絡先(れんらくさき) 交換(こうかん)しませんか。	인스타 해요? 연락처 교환할래요?
07	□□ また どこかで 会(あ)えたら 嬉(うれ)しいですね!	또 어디선가 만날 수 있다면 기쁘겠네요!

14

たずねる・聞(き)く

도움을 요청할 때 ❶

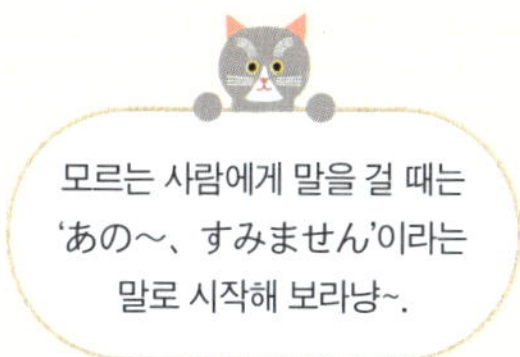

01	□□ すみません、これ どうやって 使(つか)いますか。	죄송합니다, 이거 어떻게 사용해요?
02	□□ これは いくらですか。	이건 얼마예요?
03	□□ トイレは どこですか。	화장실은 어디예요?
04	□□ 道(みち)に 迷(まよ)いました。助(たす)けて もらえますか。	길을 잃었어요. 좀 도와주시겠어요?
05	□□ 英語(えいご)(または 日本語(にほんご)) 話(はな)せますか。	영어(혹은 일본어) 말할 수 있어요?
06	□□ この辺(あた)りで どこか おすすめ ありますか。	이 근방에 어디 추천할 만한 곳 있어요?
07	□□ クレジットカード 使(つか)えますか。	신용카드 사용할 수 있나요?

15

お願(ねが)い・やりとり

도움을 요청할 때 ❷

01	□□ 助(たす)けて くれませんか。	도와주시겠어요?
02	□□ ちょっと 待(ま)って ください。	잠시 기다려 주세요.
03	□□ もう一度(いちど) 言(い)って ください。	다시 한번 말씀해 주세요.
04	□□ 写真(しゃしん)を 撮(と)って もらっても いいですか。	사진 좀 찍어 주실 수 있어요?
05	□□ おすすめ ありますか。	추천할 만한 곳 있어요?
06	□□ 書(か)いて もらっても いいですか。	써 주실 수 있으세요?
07	□□ ゆっくり 話(はな)して もらえますか。	천천히 말씀해 주시겠어요?

Tip 부탁하는 표현에는 '~て ください(~해 주세요)・~て くれませんか(~해 줄래요?)・~て もらえますか(~해 주실래요?)' 등이 있다옹~.

7장

일본 문화

01

季節(きせつ)の 行事(ぎょうじ)と 年中行事(ねんじゅうぎょうじ)

연중행사와 관련된 표현

01	□□ 明(あ)けまして おめでとう! 今年(ことし)も よろしくね。	새해 복 많이 받아! 올해도 잘 부탁해.
02	□□ お年玉(としだま)、あげる 側(がわ)に なったの 切(せつ)ない。	세뱃돈을 주는 입장이 되니 왠지 서글프네.
03	□□ お墓参(はかまい)りして きました。ご先祖様(せんぞさま) ありがとう。	성묘하러 왔어요. 조상님 감사해요.
04	□□ 年(とし)の 数(かず)の 豆(まめ)、もう 食(た)べきれない (笑)。	나이 수만큼 콩을 먹는데, 이제는 다 먹을 수 없네 (ㅋㅋㅋ).
05	□□ 鬼(おに)は 外(そと)! 福(ふく)は 内(うち)! ってちゃんと やった?	'귀신은 밖으로! 복은 안으로!'라고 확실히 말했어?
06	□□ 短冊(たんざく)に 願(ねが)い事(ごと) 書(か)いたの、何年(なんねん)ぶり だろ。	단자쿠에 소원 글을 적은 거 몇 년 만이지?
07	□□ 織姫(おりひめ)と 彦星(ひこぼし)って ロマンチックだよね。	견우와 직녀 이야기 낭만적이네.

Tip 'あけまして おめでとう(ございます)'는 '새해 복 많이 받으세요'라는 뜻의 새해 인사인데, 주의할 점은 꼭 새해가 된 뒤에 써야 한다옹~.

02

お祭りと 季節イベント

축제와 관련된 표현

01	□□ シート 敷いて のんびりしてたら 寝そうに なった(笑)。	시트를 깔고 한가로이 있으니 잠이 왔어(ㅋㅋㅋ).
02	□□ 夏と いえば、やっぱり 花火大会でしょ。	여름 하면 역시 불꽃축제지.
03	□□ 屋台の 食べ歩きが 一番の 楽しみ!	걸어다니면서 포장마차 음식을 사 먹는 게 최고의 즐거움이지!
04	□□ 地元の お祭り、めっちゃ 盛り上がってた!	지방 축제가 성황이었어!
05	□□ 今日は 神輿が 街中 まわってたよ。	오늘은 축제 가마(미코시)가 마을 전체를 돌았어.
06	□□ 浴衣で 祭り、テンション 上がるね。	유카타 입고 축제 참가하니 기분이 좋아졌어.
07	□□ あの 太鼓の 音、胸に 響くよね。	저 북소리가 심금을 울리네.

Tip

'浴衣(ゆかた)'는 주로 료칸이나 온천에서는 실내복으로, 축제 때는 가벼운 외출복으로 입는 기모노의 일종이다냥. 참고로 정통 '着物(きもの)'는 격식을 차려야 하는 장소에서 입는다옹~.

03

芸術(げいじゅつ)

전통 예술과 관련된 표현

01	□□ 現代(げんだい) アート、最初(さいしょ)は 難(むずか)しかったけど、ハマって きたかも。	현대 예술이 처음에는 어려웠지만 빠져들었는지도 (몰라).
02	□□ 展覧会(てんらんかい) 行(い)って、めちゃくちゃ 刺激(しげき) 受(う)けた。	전시회에 가서 엄청나게 자극받았어.
03	□□ この 作品(さくひん)、色使(いろづか)いが 本当(ほんとう)に きれい。	이 작품의 배색은 정말로 아름다워.
04	□□ 茶道(さどう)って、心(こころ)を 整(ととの)える 時間(じかん)って 感(かん)じが する。	다도를 하면 마음이 안정되는 느낌이 들어.
05	□□ 衣装(いしょう)と メイクが すごすぎて、圧倒(あっとう)された。	의상과 화장이 엄청나서 압도당했어.
06	□□ 能(のう)の 動(うご)きって ゆっくりだけど、迫力(はくりょく) あった。	'노'의 움직임은 느린데 박력이 있어.
07	□□ 生花(いけばな)って、自然(しぜん)と 向(む)き合(あ)うって 感(かん)じが するね。	꽃꽂이를 보면 자연을 마주하고 있는 느낌이야.

04

和(わ)の ファッション

전통 의상과 관련된 표현

정통 기모노(着物)를
입을 때는 조리(ぞうり)를 신고,
유카타(浴衣)를 입을 때는
게타(げた)를 신는다냥.
또 허리에는 오비(おび)를
묶는다옹~.

01	□□ 子(こ)どもたちが 甚平姿(じんべいすがた)で 走(はし)り回(まわ)ってる。	아이들이 여름 옷을 입고 여기저기 돌아다닌다.
02	□□ 浴衣(ゆかた)で 夏祭(なつまつ)り 行(い)く。	유카타를 입고 여름 축제에 간다.
03	□□ カランコロンって 下駄(げた)の 音(おと)。	카랑코롱은 나막신 소리.
04	□□ アンティーク 着物(きもの)で お出(で)かけして みた。	고풍스런 기모노를 입고 외출해 봤다.
05	□□ 髪(かみ)を まとめ、かんざしを 挿(お)す。	머리를 묶고 비녀를 꽂다.
06	□□ 着物(きもの)の 柄(がら)、どれも きれいで 迷(まよ)っちゃう。	기모노 무늬가 다 예뻐서 고민된다.
07	□□ 帯(おび)の 結(むす)び方(かた)を 学(まな)ぶ。	오비 묶는 법을 배우다.

05

日常(にちじょう) コーデと ファッション

현대 패션과 관련된 표현

일본에는 '衣替(ころもが)え' 라고 해서 계절이 바뀔 때마다 교복, 제복, 사복 등을 실기에 맞게 바꿔 입는 풍습이 있다냥~.

01	□□ 今日(きょう)の コーデ、ちょっと 攻(せ)めてみた。	오늘 코디는 조금 과감하게 해 봤어.
02	□□ その 服(ふく)、めっちゃ 似合(にあ)ってるよ!	그 옷 너무 잘 어울리네!
03	□□ 最近(さいきん)は シンプル系(けい)に ハマってる。	요즘은 심플한 스타일에 빠져 있어.
04	□□ ユニクロ×ZARAの 合(あ)わせ、いい感(かん)じじゃない?	유니클로, 자라의 조합이 꽤 좋은 느낌 아냐?
05	□□ 今日(きょう)は 楽(らく)ちん重視(じゅうし)で ゆる コーデ!	오늘은 편안함을 우선시하는 헐렁한 스타일!
06	□□ 季節(きせつ)の 変(か)わり目(め)って、何(なに) 着(き)ればいいか 迷(まよ)うよね。	계절이 바뀌는 시기에는 뭘 입으면 좋을지 고민돼.
07	□□ 全身(ぜんしん) 黒(くろ)なのに 地味(じみ)見(み)えしないの天才(てんさい)では?	전체적으로 검은데 수수하게 보이지 않는 거 천재인데?

06

食文化(しょくぶんか)

전통 음식과 관련된 표현

01	□□ 発酵食品(はっこうしょくひん)は 体(からだ)に 優(やさ)しい。	발효 식품은 몸에 좋다.
02	□□ 旬(しゅん)の 食材(しょくざい)を 味(あじ)わう。	제철 식재료를 맛보다.
03	□□ 懐石料理(かいせきりょうり)には 物語(ものがたり)が ある。	가이세키 요리에는 그에 담긴 사연이 있어.
04	□□ お寿司(すし)って、ほんとに 日本(にほん)の 誇(ほこ)りだと 思(おも)う。	초밥은 정말로 일본의 자부심이라고 생각해.
05	□□ 和菓子(わがし)って 見(み)た目(め)も 味(あじ)も 上品(じょうひん)。	일본 과자는 눈으로 보나 맛으로 보나 최고야.
06	□□ 日本(にほん)の 季節(きせつ) 限定(げんてい) メニューって 本当(ほんとう)に 楽(たの)しい!	일본의 계절 한정 메뉴들은 정말로 기대된다!
07	□□ 味噌汁(みそしる)が あると、ほっとするよね。	된장국이 있으면 마음이 놓여.

Tip 일본의 대표적인 발효 식품으로는 간장(しょうゆ), 된장(みそ), 낫토(納豆)가 있다냥~. 이중 낫토는 한국의 청국장과 비슷하다옹.

07

伝統的(でんとうてき)な 空間(くうかん)・建物(たてもの)

전통 건축물과 관련된 표현

일본은 지진이 잦아서
목조 건축물이 많다옹~

01	□□ 京都(きょうと)の 町屋(まちや)は まるで タイムスリップしたみたい。	교토 여행은 마치 시간 여행을 하는 것 같아.
02	□□ 姫路城(ひめじじょう)の 迫力(はくりょく)と 美(うつく)しさに 息(いき)をのんだ。	히메지성의 박력과 아름다움에 숨을 죽이고 둘러봤어.
03	□□ 手入(てい)れされた 庭園(ていえん)で くつろぐ。	잘 가꿔진 정원에서 편안히 쉬다.
04	□□ この お寺(てら)、静(しず)かで 空気(くうき)が 澄(す)んでる 感(かん)じが する。	이 절은 조용하고 공기가 맑은 느낌이 들어.
05	□□ 昔(むかし)の 建物(たてもの)って 細(こま)かい ところまで 美(うつく)しい。	옛 건물들은 세세한 부분까지 아름답네.
06	□□ 畳(たたみ)の 部屋(へや)って 落(お)ち着(つ)くよね~。	다다미방은 왠지 마음이 평온해지네.
07	□□ 神社(じんじゃ)の 鳥居(とりい)を くぐると、気持(きも)ちが 引(ひ)き締(し)まる。	신사의 도리이를 통과하니 마음이 경건해져.

일본어 교과서와 함께 보세요!

길벗출판사는 청소년을 위한 교육에 진심입니다. 일본어 선생님을 위한
교과 참고용 도서부터 교구까지 청소년을 위한 교양서를 선생님들과 함께 만들어갑니다.

일본어 기초 어휘 학습 스티커북

일본어를 신나게 배울 수 없을까를 고민하며 현직 일본어 교사들이 함께 모여서 만든 책. 일본어를 가르치는 선생님도, 일본어를 배우는 학습자도 쉽고 재미있게 배울 수 있습니다.

길벗JTA연구회 저 | 값 8,800원

일본 문화 지도 학습 스티커북

일본의 행정구역을 체계적으로 이해하고자 하는 학습자, 일본에 관심이 있는 모든 분들에게 유용한 자료입니다. 21개의 사진은 일본어 기초학습자에게 꼭 필요한 일본 문화를 소개하고 있습니다.

길벗JTA연구회 저 | 값 8,800원

일본 문화 250

일본어와 일본 문화를 재미있고 쉽게 익힐 수 있는 5가지 주제의 총 250 단어를 엄선했습니다. 게임을 통해 즐겁게 배우고, 친구들과 함께하는 가루타 게임으로 자연스럽게 단어와 회화를 익히세요.

길벗JTA연구회 저 | 값 9,800원

일본어 오십음도 카드북

일본어를 처음 배우는 학습자에게 가장 큰 장벽은 바로 글자 익히기입니다. 이 책은 히라가나와 가타카나를 쉽고 빠르게 익힐 수 있도록 구성한 실용적인 학습 도구입니다.

길벗JTA연구회 저 | 값 9,800원